Nicolas Paquin

Sous le feu de l'ennemi

TOME 1 de la série

Les volontaires

ROMAN

Éditions du Phœnix

© 2014 Éditions du Phœnix
Dépôt légal, 2014
Imprimé au Canada

Graphisme de la couverture : Hélène Meunier
Illustration de la couverture : Matthieu Lemond
Graphisme de l'intérieur : Hélène Meunier
Révision linguistique : Hélène Bard
Directrice de collection : Élie Rondeau

Éditions du Phœnix

206, rue Laurier
L'Île-Bizard (Montréal)
(Québec) Canada H9C 2W9
Tél.: 514 696-7381   Téléc.: 514 696-7685
www.editionsduphœnix.com

Catalogage avant publication de Bibliothèque et Archives natio-
nales du Québec et Bibliothèque et Archives Canada

Paquin, Nicolas, 1977-

　　Les volontaires

　　(Ados)
　　L'ouvrage complet comprendra 3 volumes.
　　Sommaire : t. 1. Sous le feu de l'ennemi.

　　Pour les jeunes.

　　ISBN 978-2-924253-23-6 (vol. 1)

　　1. Service militaire volontaire - Canada - Romans, nouvelles,
etc. pour la jeunesse. 2. Guerre mondiale, 1939-1945 -
Romans, nouvelles, etc. pour la jeunesse. I. Paquin, Nicolas,
1977-   . Sous le feu de l'ennemi. II. Titre. III. Titre : Sous le feu
de l'ennemi. IV. Collection : Ados (Éditions du Phoenix).

PS8631.A699V64 2014　　　jC843'.6　C2014-940679-7
PS9631.A699V64 2014

Conseil des Arts   Canada Council
du Canada   for the Arts

Nous remercions la SODEC de l'aide accordée à notre programme
de publication. Nous reconnaissons l'aide financière du gouvernement du Canada par l'entremise du Fonds du livre du Canada pour
nos activités d'édition à notre programme de publication.

Nous sollicitons également le Conseil des Arts du Canada.
Éditions du Phoenix bénéficie également du Programme de cré-
dit d'impôts pour l'édition de livres – Gestion SODEC – du gouvernement du Québec.

Nicolas Paquin

Sous le feu
de l'ennemi

Éditions du Phœnix

Gilbert Boulanger
a vécu la Seconde Guerre mondiale
comme mitrailleur de tourelle arrière
dans un bombardier.
Il a risqué sa vie 38 fois
dans les ciels d'Europe et d'Afrique.

Et je lui dédie ce livre,
à lui et à tous ces aviateurs
qui n'ont pas eu la chance
de voir le monde libre.

Merci, mon ami Gilbert.

« On a gagné la guerre,
mais on n'a toujours pas gagné la paix. »

Gilbert Boulanger (1922-2013)

Merci au Conseil des Arts du Canada
pour l'aide financière accordée
pour l'écriture de ce roman.

PARTIE 1

Prologue

Québec – Avril 1941

Les occupants de la chambre six cent dix-sept s'apprêtent à entamer leur dessert, en bas, dans le grand restaurant du Château Frontenac. Monsieur et madame Boissard, vieux aristocrates français, en ont lourd sur la conscience : en 1940, ils ont facilité l'entrée des Allemands en France en piégeant un peloton de soldats alliés qui campaient sur leur propriété. Les Allemands ont marché sur Paris, ils ont imposé leur régime de terreur, et les Boissard, dans leur château, ont réalisé l'ampleur de leur bévue. Ils ont fui leur pays et se sont dirigés vers le Canada. Depuis plusieurs mois, ils louent une chambre du célèbre hôtel de la haute-ville de Québec.

Partout sur leur passage, ils laissent fleurir les rumeurs : les partisans des Alliés racontent qu'il s'agit d'espions nazis. Les sympathisants hitlériens, pour leur part, prétendent qu'ils ont trahi l'Allemagne. Quant à eux, une seule chose leur importe : trouver rapidement l'argent qui évitera à madame Boissard de vendre ses bijoux.

Ce soir-là, ils se gavent de tout ce qu'ils peuvent au restaurant, invités par un homme d'affaires, lui aussi en exil. Depuis qu'ils sont descendus, la porte de leur chambre est demeurée close. La pièce, plongée dans la noirceur, profite à peine de la clarté lunaire qui, à travers la fenêtre, trace un rectangle clair sur le plancher. Pourtant, une silhouette silencieuse se déplace avec agilité sur l'épais tapis. Sans hésiter, deux mains gantées ont ouvert un coffret posé sur la coiffeuse pour en tirer un collier d'argent serti de pierres précieuses dont l'éclat est révélé par la lueur de la lune. Le reflet des bijoux satisfait l'œil du voleur qui enfouit le précieux objet dans sa poche avant de repartir comme il est venu.

En pleine nuit, dans la ville de Québec, personne ne voit, le long d'un filin, la silhouette agile et souple qui redescend, le cœur battant, le haut mur de brique. Elle s'efface dans les ténèbres, ne laissant dans son sillage ni indice ni trace de son passage.

Seule la fenêtre demeurée ouverte claquera au vent du large, jusqu'à ce que, étourdie par le champagne et la fatigue, madame Boissard la referme sèchement avant de plonger, lourde, dans son lit.

Elle ne réalisera que tard le lendemain matin, en faisant un brin de ménage, que le collier de sa grand-mère vient d'être subtilisé.

1

Le fugitif

Québec – Avril 1941

La ville de Québec à l'aube du printemps : quel bel endroit pour écouler les heures qui passent. En voilà bientôt vingt-quatre que Henri Léveillée égraine ainsi, simplement, librement, déambulant de gauche à droite, d'une rue à l'autre, fréquentant la plus belle école qu'il lui a été donné de connaître : l'école buissonnière.

Son seul obstacle : la rue Sainte-Famille, où se dresse l'entrée du Petit Séminaire. La menace de croiser l'un de ses enseignants, le directeur ou un autre séminariste en fuite, plane toujours au-dessus de sa tête. Qui sait combien ils sont à vouloir profiter de ces premières chaudes journées. Le jeune homme pense à ses confrères avec une pointe de mépris et finit par se dire qu'il est sans doute le seul à jouir d'une telle liberté.

Mais rien de tout cela ne l'empêche de dilapider ses heures au bord de l'eau, au port, ou bien de grimper la Côte de la Montagne pour scruter le fleuve du haut du parc Montmorency, puis de flâner aux alentours du Parlement et du Château Frontenac, avant de redescendre par la Canoterie pour se perdre dans la cohue de la rue Saint-Paul et de voir de près les bateaux prendre le large. Il lance un regard avide aux voyageurs éparpillés autour de la gare du Palais. Le ballet d'entrées et de sorties dans les larges portes de la gare symbolise pour lui l'homme libre, qui va et vient entre le quai des gares, entre les villes et entre toutes ces vies qu'il ne cesse d'envier.

Bien sûr, il faudrait retourner au Séminaire. Bien sûr, Berger l'attend, avec les deux cents dollars promis en échange du collier. Rien ne presse ; les journaux ne parlent pas encore du vol. Qui sait, peut-être faudra-t-il quelques jours avant que la grosse guindée réalise que son collier a disparu ? Il sent l'objet au bout de ses doigts, emmêlé à son canif, à quelques pièces de monnaie et à un trousseau de clés qu'il n'utilise jamais. Qui pourrait croire que ce garçon errant dans la vieille capitale garde au fond de sa poche des émeraudes valant une petite fortune ?

C'est en regardant Léveillée grimper la paroi d'un pensionnat pour espionner des couventines que Berger avait remarqué qu'il n'avait pas froid aux yeux ni le vertige. Il lui avait lancé ce pari : deux cents dollars s'il réussissait à voler le collier de cette grosse Française. Henri n'avait pas posé de question. Berger lui-même était le fils d'un riche en exil. Il avait un accent, que le principal intéressé qualifiait d'alsacien. En cette période de guerre, les règlements de comptes étaient fréquents et Henri ne voulait pas savoir s'il s'agissait d'une querelle entre la famille Boissard et celle de Berger. Seul l'argent l'intéressait.

Le jeune cambrioleur s'était entraîné, dérobant, les semaines suivantes, les bottines de ses camarades, les réponses d'un examen de latin et une dizaine de paires de bas de soie dans l'entrepôt du Simons, qu'il avait revendues à des soldats en permission s'apprêtant à quitter le Canada.

Ces souvenirs en tête, Henri reprend sa marche. Il n'a pas envie de rendre ce trésor à

Berger. Tout a été si facile! Et s'il essayait de liquider lui-même le pendentif? Mais dans ce cas, il ne pourrait jamais retourner au Séminaire. Ce Berger, si obscur, si étrange, avec sa voix rocailleuse et son regard malin… Il en a peur. Henri serre le précieux bijou, qui lui semble maintenant bien embarrassant.

Un petit groupe se masse le long de la rue Saint-Pierre. Un spectacle? Une bagarre? Mieux vaut aller voir; dans le Québec de 1941, même une bagarre est un spectacle. Du bout de sa chaussure, Henri envoie au loin un caillou qui se perd parmi les bottes de soldats allant, en parade, de nulle part à ailleurs, un masque à gaz sous le bras. Du képi aux chevilles, ils sont tous de bleu vêtus.

— Drôle de camouflage, prononce un badaud, à mi-voix.

— Ce sont des aviateurs, nigaud! lâche un autre en lui collant une claque sur la nuque.

Un rire se répand dans l'attroupement, dont Henri a tôt fait de se soustraire. Il repart vers le port. Là, il y a les bateaux. Les bateaux aussi sont synonymes de liberté. Certains emmènent avec eux des militaires et, aussitôt, le jeune homme se rappelle les sermons de son père avant son départ de la maison, quelques mois plus tôt :

— Si tu ne te places pas, jeune homme, je vais t'envoyer au service militaire. Puis, tu vas aller faire la guerre contre Hitler. Tu vas voir le monde, puis tu vas apprendre la discipline. Si je n'arrive pas à te briser, l'armée va y parvenir.

Moi, se dit-il, *moi, fantassin ? Peuh ! J'aime trop ma liberté.* Et ce que souhaite par-dessus tout Henri, c'est de s'envoler vers le ciel. Planer, voir la Terre toute petite, garnie de rampants harnachés à leur quotidien fade, tandis que lui, parmi les nuages, pourra aller loin, loin...

Il s'assoit quelques instants sur un bollard. Un vieux marin, pipe aux lèvres, le salue d'un coup de chapeau. Il l'ignore. Il soupire en tentant de reconnaître la pointe de Lévis, derrière deux navires marchands. La journée est ensoleillée. Pourvu que le temps ne se gâte pas ; il serait obligé de retourner au collège, où le directeur doit rager à l'heure actuelle.

Tout cela est bien lourd. Nous sommes en 1941. Henri Léveillée a seize ans. À l'époque où il est né, son père, Edgar Léveillée, possédait alors une florissante manufacture de tapis à Montréal. La maison, la Buick, les beaux habits, la perspective d'envoyer ses enfants dans les meilleures écoles, de voyager et de fréquenter des salons chics, entouré de belles femmes en robe de bal, tout cela valait bien le prix à payer pour être fabricant de tapis. Mais Henri n'a jamais pu caresser les rêves que son père nourrissait; la crise économique, survenue en 1929, a tout saboté. La marchandise ne s'est plus vendue. Les employés ont été remerciés, les tapis, bazardés; puis, après avoir tenté à deux reprises de relancer la *Carpets of Montreal*, papa Léveillée a remis les clés de son usine à la banque. Celles de sa maison de Westmount aussi.

Henri ne se rappelle pas toute cette histoire; il était trop jeune. Depuis 1931, la famille d'Edgar Léveillée loue une petite maison au centre du village de Saint-Blaise, au sud de Montréal. À l'ouest de la cité de Saint-Jean. À moins d'une heure des États-Unis, préfère-t-il dire, lorsqu'il doit expliquer à quelqu'un où il habite. Edgar réussit à faire vivre son épouse et ses quatre enfants en travaillant, pour un maigre salaire, à la ferme du village.

Un village? Une grand-route, plutôt, avec quelques maisons blotties autour d'une église trop grosse, songe Henri. Comme son père, Henri est orgueilleux. Vivre dans cette bourgade perdue l'ennuyait profondément. Saint-Blaise, c'est le bout du monde et, chaque jour, à force de se retrouver face à un père devenu alcoolique, une mère silencieuse, un frère qui s'attache à ses talons comme un chien de poche et deux sœurs pleurnichardes, Henri était devenu irascible et confrontant. Une solide empoignade avec son père avait résolu madame Léveillée à envoyer son aîné à Québec, en pension, sur recommandation de l'oncle Ubald, qui s'était offert pour payer les études du jeune récalcitrant.

Henri n'a plus mis les pieds à Saint-Blaise. Ses études lui déplaisent; tout est beaucoup trop théorique. Les déclinaisons de latin tamponnent les conjugaisons du français. Les lettres d'algèbre forment des mots inconnus. Les formules mathématiques télescopent celles de chimie. Depuis la fin de l'été précédent, il n'a vécu que pour retourner au chalet de l'oncle Ubald, où son cousin Laurent lui a appris à piloter l'hydravion rangé dans un hangar du lac Nairne, à Sainte-Agnès. Tout l'hiver, il s'est préparé à ce grand retour. Il a lu les livres que lui avait prêtés Laurent : des manuels de pilotage, des livres portant sur les techniques de vol et sur la météo. Il a dévoré ces ouvrages, propulsant son imaginaire entre les nuages, parmi les vents contraires, se laissant chavirer par les perturbations atmosphériques de ses rêveries. Or, depuis quelques jours, il a appris que Laurent, instructeur d'aviation de la Royal Canadian Air Force, a quitté le Québec pour l'Île-du-Prince-Édouard, afin d'y entraîner les recrues. C'est la guerre. Adieu, les balades entre ciel et terre. Henri se sait confiné au sol, et tout ça à cause de ce monsieur Hitler, qui a déclaré une guerre à laquelle il est trop jeune pour prendre part.

Des goélands nagent dans le ciel. *Eux aussi sont libres*, pense Henri, qui a passé sa nuit à somnoler clandestinement dans un hangar de la basse-ville. Il a faim. Dans sa poche, un billet de deux dollars fixe le prix avec lequel il peut financer les dernières heures de son errance. Il doit commencer à se faire une raison; d'ici la fin de la journée, il faudra affronter les remontrances du directeur du collège. Ce n'est pas la première fois; ce sera peut-être la dernière. Il n'ignore pas qu'il risque le renvoi.

S'il sent que sa vie ne va nulle part, son appétit, lui, le mène tout droit chez Gérard, l'incontournable café de la basse-ville. Un sandwich et un Coca-Cola seront les bienvenus. La tête ailleurs, il traverse la rue. Un camion klaxonne. Il sursaute, bat en retraite sur le trottoir et, sans prendre garde, bouscule deux soldats. Les deux hommes lui adressent un sourire. Il ne leur rend pas. Il est mal à l'aise. Et, au fond, jaloux. Ces hommes, en uniforme, ont toute la considération des passants, alors que lui, on le gronde des yeux.

L'a-t-on reconnu ? Sa photo n'a tout de même pas été affichée sur les poteaux de téléphone. Et puis, on fera la chasse au voleur du collier bien avant de rechercher un banal séminariste en fuite. Mais il y a son apparence : ses vêtements sont sales parce qu'il a dormi sur la paille la nuit dernière. Le rire clair d'une jeune femme le ramène à la raison : elle regarde dans sa direction. Il lui sourit, mais comprend qu'elle s'adresse aux soldats. Il rougit, enfonce ses poings dans ses poches, puis reprend sa marche.

Le voilà coin Saint-Paul et Saint-Nicolas. L'endroit est bondé : le restaurant sert les ouvriers des arsenaux et des chantiers navals de la rivière Saint-Charles. Jouant des épaules et bombant le torse, le jeune homme se fraie un chemin jusqu'à un tabouret. Il tente de commander son repas. Le serveur le néglige. Henri déteste qu'on le prenne pour un enfant. Pourtant, le visage qu'il aperçoit dans la glace, derrière le comptoir, c'est celui d'un adolescent à peine pubère. Les deux jours de barbe sur ses joues semblent dessinés au crayon de plomb. Il retient une grimace : une jeune femme vient de s'asseoir à ses côtés. Elle porte un manteau long qu'elle déboutonne. Il fait très chaud, ici. Ses cheveux, attachés, mettent en évidence son visage rosé par la fraîcheur de cette journée d'avril. Parce qu'il ne détourne pas les yeux du miroir, il constate qu'il n'est pas le seul, dans ce lieu, à admirer la nouvelle venue et, déjà, il voudrait la défendre contre tous ces hommes en salopette et en bleu de travail qui lui lorgnent les courbes. Cela ne semble pas indisposer la jeune femme : elle réclame un sandwich et un thé au serveur, qui a attendu que Henri sorte son argent avant de poser devant lui l'assiette et la bouteille de cola qu'il avait commandées.

Il la trouve jolie. Son visage lui rappelle quelqu'un. Une vedette de cinéma ? Une passante ? Entre deux gorgées, Henri se convainc de lui adresser la parole ; on ne fait pas l'école buissonnière sans tenter d'en garder quelques instants impérissables.

— Mademoiselle, vous ne devriez pas être ici. Les cafés de la rue Saint-Jean vous iraient tellement mieux…

Son audace lui vaut un sourire.

— Vous êtes gentil, jeune homme.

— C'est votre beauté qui réclame ma gentillesse.

— Ma foi, vous êtes presque poète. Vous avez l'air bien jeune, pour vous adonner à la poésie.

— À dix-huit ans, on n'est pas si jeune, ment Henri.

Se vieillir de deux ans n'est pas un crime, pense-t-il.

— Eh bien! Croyez-moi, j'en sais quelque chose. Les jeunes hommes comme vous passent leur temps à me faire croire qu'ils ont de belles phrases à mon attention. Dans chacune, je devine leur source. Prenez le dernier: il m'a récité tout un poème qu'il disait avoir inventé; c'était un texte de Victor Hugo!

— Pathétique, commente Henri. Je n'ai jamais entendu une imposture aussi désolante.

Vous connaissez Émile Nelligan ? Il est mon poète préféré. Moi, j'aimerais bien aller me promener avec vous, si le cœur vous en dit.

— Ce serait avec plaisir, mais… mais j'ai beaucoup de travail. Des lettres à taper. Et j'ai un épouvantable mal de tête. Je suis venue manger un morceau avant de repartir au bureau.

Une secrétaire ! Avec un peu de chance, elle pourrait travailler aux bureaux d'une usine des environs. Peut-être aux arsenaux de la rue d'Auteuil. Elle pourrait lui obtenir un emploi.

— Je mange en vitesse et je repars. Au bureau, même la secrétaire a été affectée à la recherche du déserteur. Je la remplace.

— Un déserteur ? Vous travaillez pour l'armée ?

— Non, dit-elle en souriant. C'est un élève du Petit Séminaire. Un pensionnaire dénommé Léveillée. Une jeune tête brûlée qui a décidé que l'aventure valait mieux que les études. Tous ces enfants de riches ne connaissent pas la chance qu'ils ont.

Henri s'étouffe avec sa boisson gazeuse. Le cola pétille dans sa gorge et dans ses narines. Il se sent grotesque.

— Tout va bien? Ai-je dit quelque chose que...

— Non, pas du tout. Bien au contraire, balbutie Henri. Vous avez raison : les fils de riches ne connaissent pas leur chance. Prenez le fils de mon oncle, par exemple. Il a été parachuté officier de la Royal Canadian Air Force.

— Parachuté! C'est le cas de le dire, répond la jeune femme en riant de bon cœur. Vous ne m'avez pas dit votre nom.

— Moi, c'est... c'est Laurent.

— Laurent? Laurent qui?

— Lau... Laurent tout court, quoi. Appelez-moi Laurent! ment-il encore.

— Eh bien, Laurent Tout-Court, je m'appelle Marguerite Couture. Si le cœur vous en dit, passez me voir à cinq heures, après le travail. Vous connaissez le Petit Séminaire?

— Oui, bien sûr, répond Henri, qui regrette déjà, au fond de lui, de ne pouvoir se présenter au rendez-vous.

— Si vous voulez, nous pourrions aller voir la parade des Black Watch. Vous savez, ces soldats en kilt?

Henri acquiesce, mais déjà, l'idée de se promener avec une secrétaire du collège pour admirer le défilé de dizaines de soldats en jupes à carreaux l'indiffère. Seules les joues de Marguerite, qu'il aurait eu envie de croquer, lui font regretter ce rendez-vous par avance manqué.

Ils se quittent finalement sur une poignée de main et une promesse de se revoir, que le garçon est décidé à ne pas tenir.

2

Le sauveur

Des soldats. Un serveur méprisant. Une secrétaire du collège pâmée devant des hommes en kilt. Et puis quoi, encore? Henri erre dans la ville, dépité. Le temps est déjà moins radieux, comme son âme. Il ne s'imagine plus du tout revenir au collège pour y être accueilli par cette Marguerite. À son humeur maussade se mêlent maintenant la honte et un pénible sentiment d'inutilité. Trop jeune pour l'armée, trop fier pour retourner au collège. Trop contrarié par son trésor, pesant plus lourd sur sa conscience que dans le fond de sa poche.

Il hésite. Marcher jusque chez son oncle et lui demander conseil? Fuir dans les bois, jusqu'au chalet du lac Nairne? Pour y faire quoi? Chose certaine, il est hors de question de retourner vivre chez ses parents.

Rue du Sault-au-Matelot, le cri d'une femme, suivi de pas pressés, le tire de ses pensées. L'appel à l'aide provient de la ruelle, au bout de la rue Saint-Jacques [1]. On se bouscule au pied de la falaise. Henri fonce vers l'endroit. Dans l'ombre d'un hangar, deux hommes, casquette sur les yeux, le bas du visage couvert par un foulard, molestent une femme en l'entraînant vers la ruelle. D'un bond, le jeune Léveillée s'attaque au premier des deux marauds en lui assénant un coup sur la nuque. L'homme, qui empeste l'alcool, lâche sa proie et s'effondre, hors de combat.

Son complice, laissant sa victime, n'entend pas à rire et se rue sur Henri qui vient de découvrir, à son grand étonnement, que la jeune femme à qui il est venu porter secours n'est nulle autre que Marguerite Couture. Surpris, il n'a pas le temps de parer un coup de poing et tombe à la renverse en trébuchant sur le corps de l'assommé. En s'affaissant, il entend le contenu de ses poches se déverser sur la chaussée dans un cliquetis de pièces. Le canif et le collier se retrouvent par terre. Il roule jusqu'à son trésor, tandis que le bandit prend la fuite.

Marguerite, libérée, revient en courant avec un agent qui veillait au coin de la rue Bell.

---

1 Maintenant la rue de la Barricade.

Le policier empoigne l'homme qu'a assommé Henri et laisse à Marguerite le soin de s'occuper du pauvre héros, dont la tempe gauche commence à bleuir. Ce dernier, en feignant une douleur au ventre, demeure prostré pour ramasser furtivement le bijou. L'a-t-elle remarqué ?

— Quel coup il vous a asséné, dit-elle, désolée.

— Je… je dois m'en aller, balbutie Henri, en tentant avec maladresse de se relever.

— Surtout pas, Laurent. Vous m'avez sauvé la vie. Puis, le policier voudra que nous fassions une déposition. Je dois porter plainte…

— Je… non. Ce n'est pas nécessaire. Je…

— Mais si ! lance la jeune secrétaire, étonnée par la réponse inattendue de son sauveur.

Henri n'a pas le temps de répliquer. Déjà, deux voitures de police arrivent en trombe ; l'une prend à bord le bandit, tandis que dans l'autre montent Henri, alias Laurent, et Marguerite Couture, qui ne lâche pas la main de son sauveteur.

***

Marguerite Couture grimpe avec empressement le grand escalier du Séminaire. Elle fulmine, les joues rouges. Sur ses talons, Henri ne sait pas s'il doit rire ou s'excuser.

— Je vous le répète, Laur... Henri, vous auriez dû me dire que vous étiez le fugitif du Séminaire. De quoi ai-je l'air, maintenant ?

— Euh... D'une fille qui a manqué un après-midi de travail parce que son héros l'a sauvée...

— Mon héros ! Vous m'avez menti sur votre âge, menti sur votre nom, et maintenant, vous mentez sur votre statut. Vous n'êtes pas un héros, vous êtes un poltron.

— Un poltron !

— Oui, un poltron : vous avez fui le collège parce que vos notes ne sont pas à la hauteur.

— Je vous ai sauvée.

— Peuh ! Vous vous êtes fait envoyer un poing sur la tempe et vous voilà avec une ecchymose grosse comme le Queen Mary. Si je n'avais pas été là...

— En effet, si vous n'aviez pas été là, je serais tranquille au comptoir chez Gérard.

Ils viennent de pénétrer dans le secrétariat. Marguerite, en se détournant pour accrocher son manteau à la patère, ne peut s'empêcher de sourire. Il est charmant, ce garçon. Il a le sens de la répartie, il est joli et il sait se battre. Après tout, il a assommé l'un de ses agresseurs. Si les forces avaient été égales, il…

— Ah! Vous voilà, mademoiselle Couture. Je suis navré de cet incident. J'espère que vous n'avez rien. Dès que ma secrétaire reviendra, retournez chez vous pour vous reposer. En attendant, envoyez-moi le jeune Léveillée.

La voix du directeur la tire de ses pensées. Marguerite indique à Henri le chemin à prendre et le regarde s'engouffrer, les épaules voûtées, dans le bureau de son patron.

***

Le verdict est sans appel : Henri Léveillée est renvoyé du Petit Séminaire. Rêveur, frondeur, menteur; le directeur lui a rappelé sévèrement qu'il n'a réussi qu'à accumuler les échecs et qu'à multiplier les fugues. Déjà trois à son actif. « Puisque vous ne voulez pas étudier chez nous, je ne vois pas d'autre possibilité que de satisfaire à votre désir », a-t-il laissé tomber, en refermant le carton beige sur lequel le tampon rouge a été apposé.

Affaire classée.

Pour Henri, il s'agit presque d'une victoire. Audacieux, il a même été jusqu'à négocier son départ; seul son oncle sera avisé de la décision de l'école. Pas ses parents.

Mais il n'est pas fier pour autant. Tandis que ses confrères étudient avec ardeur, il ramasse son maigre avoir : quelques chemises, la plupart achetées par son oncle, agencées avec ses deux pantalons de l'uniforme du collège, des chaussettes, des caleçons, une paire de chaussures mal entretenues, ses cahiers, puis son livre préféré : *Vol de nuit*. Il ne verra pas ses compagnons d'études, pas plus que son cochambreur, un grand insignifiant qui lit le code Napoléon et qui ne pense qu'à la charge de notaire que son père lui a promise. En voilà un qui ne sera pas déçu de son départ; Henri transformait la chambre en capharnaüm et, debout à la dernière minute, il pestait sans arrêt contre ce nigaud. *L'avenir appartient à ceux qui se lèvent sots,* maugrée-t-il, en refermant la porte de bois sur une année d'études qu'il ne regrettera pas.

Quant à Berger, il ne l'a pas vu. Tant pis. Le collier restera au fond de sa poche. Quelle aventure ! Heureusement, les policiers ne l'ont pas fouillé. Mieux, ils l'ont félicité d'avoir porté secours à une jeune femme.

— Entre nous deux, lui a dit l'inspecteur, tu n'as pas froid aux yeux ! Fuguer et séduire la secrétaire de ton directeur, puis la défendre en assommant un vaurien. Si seulement tous mes agents avaient ton audace !

Une heure plus tard, une grosse Packard noire vient le cueillir à l'entrée de l'école et l'emmène en direction de la rue des Braves, où réside l'oncle Ubald. Marguerite, qu'il a croisée dans le hall, ne lui a pas dit au revoir.

Le salon de l'oncle d'Henri est décoré de toiles aux cadres dorés qui brillent à peine, perdues dans la vaste pièce éclairée par quelques petites lampes en bronze sur pied. L'adolescent fait les cent pas sur l'épais tapis jusqu'à ce qu'Ubald lui impose de s'asseoir.

— Les gens sont injustes, mon oncle…

— Tu as peut-être raison, Henri. Mais pas dans ton cas : tu as tout fait pour te faire mettre à la porte de ce prestigieux collège.

— J'ai simplement été moi-même ! Vous auriez peut-être voulu que je fasse comme cet imbécile de Lantagne, qui me rebattait les oreilles avec ses études de notaire ? Ou bien cet idiot de Smith qui passe son temps à parler du yacht de son père à Lake Placid! Un yacht à Lake Placid! Et puis quoi, encore?

— Un hydravion au lac Nairne, lance l'oncle Ubald, visiblement offensé. Tu te poses en victime comme l'a fait ton père. Ton père n'a pas été responsable de la crise économique et de la baisse de la demande des tapis, mais je lui ai tendu la main et lui, trop fier pour recevoir l'aide de son grand frère, a préféré faire faillite seul, comme un grand! Toi, je t'offre mon soutien, je t'habille, je te paie le meilleur collège de Québec et, plutôt que d'en profiter, tu te fais renvoyer! Ne va pas me dire que tu ne l'as pas cherché.

Perplexe, Henri pousse un long soupir :

— Vous pourriez m'engager à l'usine…

— Non. Je n'ai pas de poste disponible. Si je mets la main sur un contrat du ministère de la Défense, ce sera autre chose, mais présentement… De toute façon, ce serait te faire la charité, et cela causerait une brouille de plus avec ton père. Le seul mandat que j'ai eu était de t'inscrire à l'école. Tu as seize ans et, comme tu le sais, l'école n'est pas obligatoire ici. Maintenant que tu as fait le choix d'en sortir…

À ce moment, Henri se décide à prononcer ces mots qui, dans sa tête, riment à la fois avec liberté et captivité :

— Et l'armée ?

Devant la mine de son oncle, le jeune homme ajoute aussitôt :

— Je sais, je sais, je suis trop jeune. Il faut avoir dix-neuf ans. Seulement, j'aurais pu aller rejoindre Laurent.

— Je ne dis pas que tu as tort. Seulement, tu as déjà de la difficulté avec l'autorité… Là-dessus, tu es comme ton père : jamais il n'aurait pu s'enrôler pour la guerre de 1914.

Cette réplique choque Henri qui se lève d'un bond. Il déteste être comparé à son père. Son envie de s'enrôler décuple brusquement. Il va leur prouver de quoi il est capable, et personne ne le méprisera plus. Oui, il doit partir d'ici, quitter cet endroit où il ne se sent jamais chez lui ; il doit être libre, même si cela implique de prendre les chaînes du soldat. Mais déjà, l'oncle, pour réparer sa bévue ou simplement pour asseoir son autorité, rattrape son neveu.

— Je vais te proposer quelque chose. Voici un peu d'argent. Va au lac, et fais le ménage dans ta tête. Prends une décision, annonce-la à tes parents, puis je vais t'aider. Peu importe ton choix. L'important, c'est que tu donnes un sens à ta vie. Que tu ne deviennes pas un de ces chenapans forcés de commettre des larcins ou des vols déplorables.

Rougissant, Henri prend congé de l'oncle Ubald et monte à l'étage. La maison est plongée dans le silence. C'est une grande demeure aux murs couverts de papier peint, aux lustres toujours endormis, aux boiseries sombres. Quelques semaines plus tôt, lors de ses visites, Henri y retrouvait avec plaisir son cousin Laurent. Mais depuis le départ de celui-ci pour cette école d'aviation à l'Île-du-Prince-Édouard, la demeure de l'oncle Ubald ne lui apporte plus aucune joie.

Maintenant, il ne reste plus à Henri qu'une pile de manuels d'aviation en anglais, qu'il a dévorés, et une envie de recommencer à voler. Le jeune homme entre dans la chambre de son cousin et se jette sur le lit. L'offre de l'oncle Ubald l'a pris au dépourvu. Faire le ménage dans sa tête… Comment mettre de l'ordre dans une tête vide ? Henri soupire.

Agrafé au mur, devant lui, un immense drapeau qu'on appelle le Red Ensign ; il s'agit d'un drapeau censé représenter le Canada, mais qui n'est formé que d'un Union Jack flag et d'un tout petit écu, celui des armoiries canadiennes. Et, minuscules, dans un coin de cet écu, trois fleurs de lys, lesquelles représentent ses racines françaises.

Henri, dans la pénombre de la chambre aux rideaux tirés, n'a jamais autant eu besoin de Laurent. Durant les dernières semaines où ils se sont vus, ce dernier n'a cessé de lui parler, avec animation, de cette guerre stupide, de ces Français stupides qui avaient sous-estimé ce Hitler stupide. D'une occupation stupide et d'une Angleterre qui résiste à l'envahisseur. Et lorsqu'il lui demandait pourquoi, dans ce cas, aller aider des gens stupides à se libérer d'autres gens stupides dans un conflit du même acabit, Laurent lui répondait toujours : « Parce que la liberté n'a pas de prix. »

La liberté n'a pas de prix.

Le jeune homme se relève. Dans sa chambre, sa valise n'est pas défaite. Il en extrait une poignée de vêtements chauds dans lesquels il enveloppe *Vol de nuit*. Il enfouit le tout dans un havresac tiré du fond de la garde-robe de Laurent.

Quelques instants plus tard, par la porte de la véranda, Henri se faufile à l'extérieur. C'est ainsi que, son sac en bandoulière, le garçon s'enfonce dans la nuit.

Au bout d'une longue marche qui l'a laissé fatigué et couvert de sueur, il réapparaît dans la lumière étincelante de la gare du Palais.

3

La bouche de trop

Henri n'a pas réussi à fermer l'œil, assis sur un banc du hall, recroquevillé sur son havresac. Les pensées se sont bousculées dans sa tête toute la nuit durant. Comme il n'y a aucun train en partance avant l'aube, il attend au matin, la main serrée sur le collier d'émeraudes.

À ce moment-là, son plan se résume à ceci : laisser le bijou en lieu sûr, à la maison familiale. Après, s'enrôler à Montréal, là où personne ne le connaît et où il pourra mentir sur son âge. Ensuite…

Ensuite, se dit-il, *ils verront tous que Henri Léveillée a l'étoffe d'un héros.*

C'est avec cette idée en tête qu'il grimpe à bord d'un train bondé. Dans le compartiment, un groupe de dames aux allures respectables s'installent en soupirant à la vue de ce garçon qu'elles devront, pensent-elles, materner durant tout le voyage. C'est du moins ce que ressent Henri, qui espère que leurs jacassements le laisseront dormir. Dormir... C'est tout ce dont il a besoin.

Dans le compartiment, les esprits sont échauffés par une nouvelle de la veille que commentent les bavardes, un grand exemplaire du journal *La Patrie* étendu devant elles. Henri, lui, rit secrètement en entendant leur débat :

— Regardez-moi cela : un vol au Château Frontenac.

— Un vol ?

— Un collier. Avec des émeraudes. C'est celui d'une pauvre femme immigrée ici après que son château eut été saccagé par les Allemands.

— Quelle effronterie ! Cambrioler une dame sans défense ! lancent les passagères, sur un ton indigné.

— En tout cas, la police de Québec fera une enquête efficace : on estime déjà que le voleur serait entré par l'extérieur. En escaladant le mur pour passer par la fenêtre. Doux Jésus ! Il ne faut pas avoir le vertige !

Henri retient un sourire. Non, il n'a pas le vertige. Et si ces commères pouvaient savoir que le collier se trouve présentement à quelques centimètres d'elles, elles seraient toutes rouges de colère.

Tandis que les femmes jacassent, le ronflement régulier de la locomotive berce Henri qui s'expédie de bon gré au pays des rêves. Il ne voit pas le train franchir le pont de Québec et il n'a pas l'impression qu'il file à pleine vitesse, sur la rive sud du fleuve Saint-Laurent. Il ne quitte ce lourd sommeil qu'en plein jour, lorsque l'employé du wagon le secoue.

— Jeune homme, vous voilà à Montréal. Il faut descendre.

— Oh! Pardon. Le temps de prendre mon sac, bredouille-t-il, en demandant à l'homme de le diriger vers le train qui le déposera à la gare de Saint-Blaise.

Henri appréhende ce retour à son village. Il n'a pas oublié jusqu'à quel point les derniers jours passés dans la petite maison de la Grande-Ligne, dix-huit mois auparavant, avaient été pénibles. L'affrontement avec son père, complètement imbibé d'alcool, l'avait énormément troublé. Il n'avait alors que quatorze ans. Son frère, Emery, l'avait imploré de rester. Sa mère, elle, n'avait rien dit. Depuis, il n'était pas revenu. Pas même à Noël.

Le sémaphore, au ras de la voie ferrée, lui adresse un clin d'œil de son phare rouge, seul signe de vie dans le village qui semble, en cette fin de journée, déserté. Son sac sur le dos, sans porter attention au maître de gare, Henri part, d'un pas calculé; il se dirige vers la maison familiale.

— La maison familiale! Pff! Il y a long-temps que notre maison familiale a été rache-tée, à Westmount, par de sombres inconnus. Et que ma famille vit, temporairement, dans un endroit qui n'est pas le sien.

Ainsi maugrée-t-il en allant vers la petite maison verte, qui paraît encore plus frêle sous les arbres immenses qui la ceinturent.

Il se laisse glisser dans un fossé dont il enjambe le fond boueux pour en ressortir de l'autre côté. En rampant, il atteint la clôture de perches sous laquelle il se faufile adroitement. La maison semble tranquille. Seuls quelques bruits de vaisselle et l'écho de voix claires s'élèvent de la cuisine. Ce sont ses jeunes sœurs qui piaillent. Il retient un sourire attendri. Ne pas se déconcentrer. Le long de l'appentis, l'allège d'une fenêtre murée lui permet de s'élever jusque sur le toit plat de la cuisine d'été. Agile, il bondit comme un félin sur la structure. Sans un bruit. La tôle est rouillée, rapiécée par endroits. Il craint que son poids le trahisse. Il remonte en équilibre, sur la pointe des pieds, jusqu'à la lucarne de la chambre des garçons.

Il atteint l'ouverture et repousse la fenêtre. Sans peine, il se retrouve dans la pièce, quand il entend :

— Henri ? Est-ce toi ?

Cette voix a mué, pense-t-il.

— Emery ! Moi qui pensais te faire une surprise, ment-il, en se retournant. Dans la porte, qui s'ouvrait au même moment, se tient un adolescent maigre, dont le sourire semble balayer un instant une existence triste et difficile.

Si Henri a les épaules larges, les joues pâles et l'œil perpétuellement soucieux, son frère cadet, à l'opposé, est élancé et pourvu d'une mine plus délicate. Les cheveux courts aux tempes, longs sur la tête, le teint plus foncé que celui de son frère. Ils pourraient tous deux passer pour des étrangers. Henri est tout le portrait de son père ; Emery, celui de sa mère. Ce dernier serre vigoureusement la main du nouveau venu.

— Quel vent t'amène ici ? demande Emery, qui avait pris l'habitude, par le passé, de voir son frère aller et venir par ce chemin.

— Je viens te dire bonjour.

— Quelle touchante attention, dit Emery, sur un ton frôlant l'ironie.

— Bah ! réplique Henri en changeant brusquement de ton. Peu importe que j'existe encore. Je n'ai rien à faire ici. On s'ennuie pour mourir.

— Et nous, nous sommes ennuyants, bien entendu.

— Oh ! Tu sais que ce n'est pas cela. Et puis, toi, pourquoi ne viens-tu pas me voir à Québec ?

Emery s'arrête. Il baisse les yeux. Henri le dévisage :

— C'est le paternel qui refuse, n'est-ce pas ?

— Mouais, lâche Emery. Puis, de toute façon, nous n'aurions pas l'argent pour le train…

Il lève le bras. Sa manche de chemise a tant été reprisée que les coutures elles-mêmes ne tiennent plus.

— Eh! Mais c'est une de mes chemises!

— Que veux-tu? Le père gagne à peine de quoi payer la location de la maison.

— C'est impossible. À moins qu'il boive son salaire.

— *That's it*, laisse tomber Emery.

— Bon. Tu t'es mis à l'anglais.

— Pas tout à fait. J'ai juste appris à parler anglais avec Blanche et Amanda lorsque le père est saoul. Comme cela, il ne comprend rien. Et la mère non plus.

Emery attrape son frère par le cou et le serre contre lui. Il dit que leur mère sera contente de le voir. Quant à leur père, avec un peu de chance, il sera trop saoul pour réaliser que son aîné est revenu. Ce n'est pas tout à fait ce qu'espérait Henri. La main au fond de sa poche, il serre fermement le collier. Il existe, dans le plancher de cette pièce, une cavité où il avait tenu cachées quelques pièces de monnaie qu'il avait gardées, par le passé, pour financer ses fugues. Il compte bien y enfouir son trésor. Mais avant, il lui faudra affronter la famille.

La soirée se déroule comme Emery l'avait prédit. Blanche et Amanda sautent au cou de leur frère et dansent de joie. Amanda lui avoue qu'elle avait oublié son visage et Henri s'en trouve mal. Il s'excuse ; elle lui demande pourquoi. Rapidement, on passe à table, car c'est l'heure du souper. Leur père n'arrive pas et personne n'ose motiver cette absence. Leur mère, masquant mal sa joie, ne réussit pourtant pas à cacher une grande nervosité.

— Henri, récite-nous le bénédicité ! s'exclame Blanche.

C'est juste : Henri est l'aîné dans la maison. C'est sa responsabilité de faire la prière avant le repas. Son malaise s'amplifie lorsqu'il constate que, sur la table, la nourriture servie est peu abondante.

— Les récoltes n'ont pas été bonnes, annonce madame Léveillée en guise d'excuse.

— Non, ajoute Emery. Elles ne sont pas bonnes cette année. Depuis des années, en fait. Elles sont bonnes chez le voisin, chez l'autre voisin, chez le voisin d'en face et chez leurs voisins aussi. Mais ici, tout ce que nous récoltons, ce sont des céréales fermentées et des claques.

— Emery, tais-toi, lui intime sa mère, avant de se retourner vers Henri : j'ai su les dernières nouvelles. Alma a appelé chez la voisine et nous nous sommes parlé au téléphone.

— Ouais, grimace Henri, en avalant un second cube de bœuf trop coriace. J'en avais assez du collège. Je ne suis pas fait pour le cours classique. Je crois que je vais aller travailler en ville en attendant.

— En attendant quoi ? reprend Emery.

— Je ne sais pas, répond Henri.

— Tu ne sais pas. Tu ne sais pas. Tu n'as jamais su pour toi, mais tu as toujours su ce que les autres doivent faire, fait madame Léveillée sur un ton réprobateur, avant de se lancer dans un sermon que les filles écoutent en silence, et les garçons, en soupirant.

Décidément, pense Henri, *rien n'a changé dans cette maison.* Un chien jappe aux alentours.

— Votre père arrive, lâche madame Léveillée.

— Bon, eh bien, moi, je monte me coucher. J'ai mal dormi dans le train et j'ai assez entendu de reproches depuis vingt-quatre heures.

Dans la petite chambre aux murs recouverts de crépi, son lit n'a pas bougé, toujours surplombé par un crucifix où Jésus est amputé d'un bras. Sur le lit de son frère, à gauche de la porte, s'entassent, pêle-mêle, livres et cahiers. C'est lui, Emery, qui mériterait d'aller au collège : il s'exprime bien, il a de la mémoire et un solide sens de la répartie. Emery ferait un splendide avocat, et il serait la fierté de la famille. Quant à lui, Henri Léveillée, il ne sait pas. Il ne sait plus. Il retrouve l'endroit où, parmi les planches disjointes, l'une d'elles, trop étroite, se déplace sans gêne. Il glisse le bijou dans la cachette, puis remet le morceau de bois au bon endroit. Tandis qu'il s'allonge, retirant ses chaussettes, il entend, venant d'en bas, les échos de la voix pâteuse de son père qui demande à manger.

Il écoute, l'oreille tendue. Personne ne parle. Les ustensiles raclent les assiettes et s'entrechoquent dans l'évier. Les chaises bougent, les membres de la famille se retirent. Personne n'a révélé à son père qu'il était dans la maison. *Ils ont peur*, pense-t-il. Emery finit par monter à l'étage. En passant la porte, sa tête frotte presque le cadrage, remarque Henri. Vraiment, le cadet des frères Léveillée est en passe de devenir un homme. Il dit :

— Il est complètement bourré. Tellement qu'il s'est endormi à table.

— Et s'il boit encore ?

— Pas de danger. Maman interdit tout alcool dans la maison.

— Sauf celui que contient déjà son foie, commente Henri avec cynisme.

Les frères Léveillée profitent du reste de leur soirée pour rattraper les mois perdus. Mais Henri écoute plus qu'il ne se confie, bien décidé à quitter cette maison dès le lendemain matin. Il ne veut pas voir son père. Il ne veut pas le confronter. Il ne veut pas être confronté. Il tait cette histoire de collier et son projet de s'enrôler. Puis, fourbu, Emery laisse sa tête choir sur l'oreiller.

Henri n'arrive pas à trouver le sommeil. L'inquiétude l'emporte sur la fatigue. Des voix se sont élevées au rez-de-chaussée. À pas feutrés, il s'installe au haut de l'escalier. Il entend ses parents :

— Quoi ? Il est dans ma maison ! Il est hors de question qu'il reste ici une heure de plus. Je vais le sortir en le tirant par les oreilles.

— Edgar, tu as bu.

— Justement. L'alcool me donne des forces.

— Tu nous l'as bien montré quand tu t'es endormi, la face dans ton souper, commente madame Léveillée, d'un ton sévère. De toute façon, ce n'est pas la présence de Henri dans la maison qui me fatigue. Il ne restera pas. Il a honte de nous. Il a honte de toi. La question, c'est combien de temps il séjournera ici ! Parce que moi, je n'ai pas les moyens de nourrir une bouche de plus.

— Tu as raison. C'est une bouche de trop. Pour manger, comme pour parler, c'est une bouche de trop. Un grand parleur. Incapable de d'accomplir des gestes concrets. Incapable de réussir quoi que ce soit. Incapable d'entreprendre quoi que ce soit, aussi.

— Exactement comme son père ! tranche la mère, en jetant son tricot sur la table.

Sur cette réplique assassine, elle se lève et disparaît dans sa chambre, laissant son mari, cet homme brisé, amer et prématurément vieilli, cogner du poing sur la table.

— Je t'interdis! Je t'interdis de me comparer à lui!

Henri n'a pas manqué un mot de cette conversation. Rien ne l'horripile plus que d'être comparé à cet ivrogne qui a tout laissé tomber : sa carrière, sa famille, sa dignité. Si son père a été trop peureux pour s'enrôler dans l'armée, lui, Henri, le fera. Il partira à l'aventure, il quittera cette prison et combattra le plus puissant ennemi du monde pour regagner l'honneur familial que son père a perdu. Il se redresse lentement et, toujours dans le silence, avance jusqu'à la chambre des garçons.

Dans sa tête, sa décision est prise. Il ne lui reste qu'à l'annoncer à son frère. Lui, il le comprendra. Il s'assoit au bord du lit d'Emery qui demeure assoupi. Dans son sommeil, le grand garçon tourne sur lui-même, et la couverture glisse de son épaule. Henri écarquille les yeux : le dos de son frère est meurtri. Son père le bat. L'épaule, bleuie, domine un dos lacéré, réparé par de vilaines gales. Le drap, taché de sang séché, témoigne des sévices qu'endure Emery.

Soudain, Henri comprend que, malgré ses plus profonds sentiments, son départ est encore une fuite. C'est comme s'il fuyait un navire en plein naufrage, laissant à lui-même son frère, qui voudrait le suivre. Mais c'est impossible ; là où il va, il ne peut l'entraîner avec lui. Emery est encore trop jeune pour s'enrôler. Arrachant une page à un cahier, il écrit un mot qu'il glisse sous l'oreiller de son frère, puis recule, les yeux rivés sur les cicatrices de celui-ci. Lorsqu'il voudra quitter cet enfer, Emery n'aura qu'à briser le collier et en vendre les joyaux, un à la fois. Ainsi pourra-t-il acheter sa liberté. Ainsi, aussi, Henri peut-il se pardonner de laisser son frère entre les mains d'un père tyrannique.

— Tiens bon, murmure-t-il, tant à lui qu'à son frère endormi, tandis qu'il enjambe la fenêtre qu'il repousse, délicatement, comme une porte se refermant sur son passé.

4

L'île du docteur Lalanne

Dans le village, entre la laiterie et le magasin général, à l'ombre de l'église et de son fin clocher qui semble se balancer lorsqu'il vente, tout est endormi. Henri a parcouru la campagne jusqu'au petit matin, songeur. S'enrôler… C'est vite dit. Il n'a pas l'âge… Il faudra mentir.

Il rencontre monsieur Girard, le maître de gare, et s'informe du tarif pour Montréal. Dans le reflet du miroir, au mur, il a l'impression d'avoir vieilli d'au moins quatre ans. Fatigué, cerné, dépeigné, il se donnerait sans doute la vingtaine.

Il a faim et il se sent sale : la dernière fois qu'il s'est lavé, il portait encore le fier titre d'étudiant du Petit Séminaire. Tandis que quelques Blaisois s'approchent du quai, il se glisse le long du mur de pierre de la vénérable gare, le temps de soulager une envie pressante.

Pourtant, il n'a pas fait quinze pas dans l'ombre du toit qu'il sent un bras l'attraper par-derrière, lui serrant violemment la gorge. Il tente de se débattre, d'appeler à l'aide, mais avant qu'il ne puisse pousser un cri, une main lui enfonce un bout de tissu entre les mâchoires.

— Tiens-le fort, murmure une voix d'homme.

Henri joue des épaules pour se libérer de son agresseur et, au moment où il croit pouvoir plaquer ses coudes dans le ventre du bandit, on lui colle un tampon de ouate humide sous les narines. Ses muscles se relâchent instantané-ment. Chloroformé, il plonge aussitôt dans un profond sommeil.

***

Le réveil s'avère pénible pour Henri. Ses yeux clignent rapidement ; il est aveuglé par un faisceau de lumière qui se faufile par un soupi-rail. Il tente de se déplacer, mais le mal de tête qui l'accable est aussi dissuasif que les liens tenant ses mains et ses chevilles immobiles. Le sol, sur lequel il repose, se compose de vul-gaires planches rongées par l'humidité. Le garçon ne se démonte pas pour autant.

Comprenant qu'il n'a pas été capturé par des autorités policières ni par son père, il conclut rapidement que ses assaillants sont sans doute ceux contre lesquels il s'est battu, l'avant-veille, pour libérer Marguerite Couture. Il est couché sur le côté. Ses habits sont salis. Il se tortille et crie :

— Eh ! Bande de minables ! Si vous êtes des hommes, réglons cela les yeux dans les yeux ! Allez ! Venez m'affronter, si vous n'êtes pas des lâches !

Sa propre voix, en retentissant, résonne dans ses tympans. Il ne doit pas moisir ici; l'endroit semble avoir déjà été inondé. Les murs, en pierre, suintent. Et les traces, sur la porte de bois, témoignent de l'eau qui l'a léchée. Son appel ne se révèle pas vain : le bruit d'une targette qu'on déplace, puis celui de la porte qui grince le font se redresser. Assis, il utilise ses talons pour se glisser jusqu'au mur, puis entreprend de se relever. Mais des silhouettes apparaissent maintenant dans la pièce. L'ombre l'empêche de bien distinguer les visages. Il lui semble reconnaître deux hommes en uniforme.

— Ne te donne donc pas tout ce mal, le jeune. Nous allons te sortir de là.

— Qui êtes-vous ? demande-t-il.

— Tu le sais, qui nous sommes. Pensais-tu vraiment qu'en retournant dans les jupes de ta mère, nous allions perdre ta trace ?

La porte, maintenant grande ouverte, laisse entrer assez de clarté pour lui permettre de détailler les habits de ses geôliers. Tous deux portent des vêtements bleus. Leur chemise à épaulettes arbore sur le bras une pastille blanche dans laquelle est cousu un swastika. La croix gammée ! La croix d'Hitler ! Ils agrippent Henri par les aisselles et le traînent vers un escalier. Chaque fois qu'il proteste, l'un d'eux le gratifie d'une claque au visage. L'ascension est brusque, et Henri sent ses genoux frapper contre les marches. Lorsqu'il arrive en haut, l'éclairage de vastes vitrines l'éblouit. Les deux inconnus le jettent au sol. Sa chute est amortie par l'épais tapis au centre de la pièce.

Il s'agit d'un salon dominé par une immense cheminée. Au-dessus de sa tête, le prisonnier remarque un lourd lustre en fer forgé dans lequel trône une croix hitlérienne. Henri en reste sans voix. Les signes nazis sont fortement réprouvés depuis l'entrée en guerre du Canada.

L'aurait-on transporté dans un autre pays?

Deux jambes apparaissent à la hauteur de ses yeux. Les pieds sont enfouis dans des pantoufles, elles-mêmes garnies du symbole nazi. Il relève la tête : un homme moustachu, au regard presque bienveillant, lui sourit.

— Alors, vous voilà, Henri. Bienvenue à Calypso.

— Où suis-je? bredouille-t-il, ahuri par l'antithèse que composent l'austère salon et le visage amène de cet individu.

— Dans ma maison. Sur l'île Calypso. Au milieu du lac Saint-François, répond l'autre.

— Je suis donc encore au Québec?

— Jusqu'à preuve du contraire, oui. Mais, vous êtes aussi, en quelque sorte, sur le premier territoire du Troisième Reich en Amérique. Je me présente : docteur Paul-Émile Lalanne [2].

Lalanne ordonne à ses sbires de défaire les liens de l'adolescent. Puis, il lui tend la main

---

2 Le docteur Paul-Émile Lalanne était un sympathisant nazi. Il possédait, sur le lac Saint-François, dans le Saint-Laurent, une immense maison où il procédait à des avortements illégaux. L'argent amassé par ces opérations servait à financer un parti nazi canadien.

pour l'aider à se relever. Henri l'ignore et se redresse, malgré ses genoux qui le font souffrir.

— Vous m'avez frappé, puis vous m'avez volé. Où est mon sac ? Où sont mes effets personnels ? demande Léveillée, insurgé.

— C'est plutôt vous qui nous avez volés. Qu'avez-vous fait du collier ?

— Ah ! C'est donc cela ! Eh bien, vous ne l'aurez pas. Je vous dénoncerai, vous et vos complices. Et on vous mettra dans une prison dont vous ne pourrez vous échapper.

— Il faudra d'abord que vous sortiez de celle-ci, jeune homme. Vous oubliez que vous vous trouvez vous-même sur une île.

— Et vous comptez me replonger dans votre cachot miteux ?

Lalanne s'est détourné de son invité. Il arpente le salon, vêtu d'une épaisse robe de chambre. *Tout, dans cette pièce, ferait le bonheur de monsieur Hitler*, pense Henri en observant le divan, la table, les lampes, et même la décoration des murs où le swastika est sculpté comme s'il s'agissait d'un symbole de culte. Le docteur interrompt ses pensées :

— Non, je ne vous renfermerai pas dans la cave. Du moins, pas maintenant. En ce moment, je n'ai aucune patiente en traitement. Vous serez donc mon hôte. Georges, escortez ce jeune homme à une chambre de l'étage et remettez-lui des habits convenables. Ce soir, il dînera avec moi.

Le dénommé Georges, un des deux acolytes de l'étrange docteur, emmène Henri à l'étage où, dans une petite chambre de clinique, il retrouve son maigre bagage reposant sur un lit de métal.

Accrochés derrière la porte, les vêtements prévus l'attendent. En se changeant, il découvre ses genoux, dont les bleus handicapent sa marche. Il enfile le pantalon, mais son empressement se transforme en répulsion lorsqu'il constate que la chemise qu'on lui réserve appartient à la même garde-robe que celles portées par les hommes de main du docteur Lalanne, ornées de la croix gammée.

Hors de question de porter ces horreurs ! pense-t-il.

Quelques instants plus tard, il apparaît en camisole dans le grand escalier. En bas, des voix résonnent. Il descend à pas feutrés. Il reconnaît la voix du docteur :

— Georges, nous aurons une patiente jeudi prochain.

— Cela veut dire que le petit garnement devra avoir parlé…

— En effet. Je ne peux pas refuser cette patiente. Tous les avortements que je peux pratiquer rapportent gros. C'est ce qui nous permet de continuer la lutte. En plus, la venue d'un espion nous a été confirmée. Il débarquera dès que le sous-marin atteindra la Gaspésie[3]. Il nous faudra de l'argent à mettre à la disposition de cet agent secret.

— Laissez-moi lui délier la langue, au jeune Léveillée. Ma médecine est plus efficace que la vôtre.

— Mais guère plus légale, Georges. Non. Avant la torture, laissez-moi tenter la méthode douce. Chaque homme a son prix. D'autant plus qu'à ce que j'ai su, ce garçon n'a pas un sou devant lui.

Un faiseur d'anges! comprend aussitôt Henri. Un de ces hommes qui pratiquent des

---

3 En 1942, un sous-marin allemand amènera en Gaspésie un espion nommé Werner von Janowski, lequel sera capturé par les autorités canadiennes après avoir été dénoncé par une employée de l'hôtel où il s'était installé.

avortements illégaux, chèrement payés par des bourgeoises, dans un endroit discret, comme cette île privée. Pour, de surcroît, financer les nazis au Canada. Lalanne est un vrai docteur, mais un docteur louche, et hors-la-loi. Cela explique donc le chloroforme qu'ils ont utilisé pour m'endormir, et la chambre pareille à une chambre d'hôpital.

— En attendant, vous avez tort de le laisser sans surveillance.

— Au moins autant que vous de l'avoir rossé, riposte Lalanne, qui surprend aussitôt Henri dans l'escalier.

— Tiens ! Mon jeune ami qui apparaît. Alors, la chemise ne vous fait pas ?

— Non, les épaules sont trop serrées. Il y a des trucs, là, inconfortables, réplique Henri, en mimant l'endroit où les nazis appliquent leurs croix gammées.

Au bout de quelques minutes, la cloche du repas sonne à travers la grande maison faite de lourdes pièces de bois rond. Le médecin invite Henri à prendre place à table, où Georges sert, tour à tour, potage, viandes de qualité, légumes frais et vin rouge. La faim finit par avoir raison de la répugnance que le garçon éprouve à partager les victuailles de ce collaborateur nazi.

— Vous avez tort de vous montrer aussi réfractaire, Henri. Bientôt, l'Allemagne sera aux portes de l'Amérique. Dès que l'Angleterre aura signé un pacte avec Hitler, le Canada se rangera à ses côtés. Puis, comme les États-Unis refusent de combattre, le Canada pourrait devenir un précieux fournisseur du Reich en bois et en fer.

— Quand la Wehrmacht sera aux portes de Québec, nous en reparlerons, riposte le jeune invité.

— Partout, le Blitzkrieg a montré son succès. Il en sera de même ici. Et ceux qui accueilleront le führer seront récompensés. Alors, dites-moi, ce collier que vous avez en votre possession… Nous avons fouillé vos bagages et…

Lalanne n'a pas terminé sa diatribe qu'une voix féminine retentit dans le hall de la demeure.

— Docteur Lalanne ! Enfin ! Me voici !

Une femme à la figure rubiconde, entre deux âges, enveloppée dans une riche robe de velours, fait son apparition. Le verbe haut, les yeux maquillés, elle parle d'un air effronté et, vraisemblablement, Lalanne n'attendait pas sa visite.

— Lady Berthe. Déjà ?

— Oui, et avec ma fille. Nous ne pouvions pas attendre jusqu'à jeudi. Nous sommes conviées à une réception en fin de semaine... et je veux lui faire connaître un jeune homme tout à fait charmant. Un garçon de bonne famille, riche. Une occasion à ne pas laisser passer, en temps de guerre... Je suis prête à vous payer le double pour que vous me l'opériez rapidement. Croyez-vous qu'elle pourra ressortir d'ici le lendemain ?

— C'est que... mais comment êtes-vous arrivées ici ?

— Avec le yacht, voyons. Le capitaine aide Louisa à porter sa valise. Je vous la laisse et je repars dans quelques instants.

Henri, témoin de la scène, voit entrer, à la suite de la bruyante Berthe, une jeune femme au teint pâle, qui se tient le ventre, mais dont le regard semble perdu. Elle est soutenue par un homme grisonnant portant une casquette de capitaine et une veste de la marine. *Quels grotesques bourgeois!* pense-t-il. *Et cette fille qui a l'air complètement droguée...* Quant au docteur, cette visite imprévue semble l'embarrasser au plus haut point.

— Jeune homme, lance alors Berthe à son endroit, aidez donc le capitaine au lieu de demeurer ainsi, en bras de camisole. Il reste deux malles sur le *Winifred*.

— Le *Winifred*? demande-t-il. Qu'est-ce?

— Décidément, docteur, vos collaborateurs sont de drôles d'empotés. Mais c'est le yacht, mon pauvre enfant! s'exclame la pimbêche.

À ces mots, Henri, sans tarder, et sans se faire remarquer de Lalanne, que Berthe accapare, sort en flèche de la maison. Non loin, il avise l'embarcation accostée tout près de la barge qu'emprunte le docteur pour regagner la terre ferme. Une seule chemise bleue, carabine au poing, fait le guet sur le quai.

— Dépêchez-vous, fainéant! Il va bientôt faire noir! s'exclame encore Berthe, à la porte de la maison.

Cet ordre l'encourage; il s'élance droit vers le bateau au pas de course. Le gardien, à l'approche du garçon, n'a pas le temps de réagir; il reçoit, en plein abdomen, la tête de Henri qui le propulse dans les eaux du fleuve. Puis, bondissant sur le yacht dont le moteur tourne toujours, Léveillée détache les amarres. Un coup de feu retentit.

— Cela ne doit pas être plus compliqué qu'un avion, dit-il en trouvant le poste de pilotage de l'embarcation qui délaisse l'île Calypso au soleil couchant.

Une seconde décharge éclate en provenance de l'île. Henri accélère. Aucune autre arme ne se fait entendre, mais le bruit d'un moteur vient se mélanger à celui du *Winifred*, lancé vers la côte qui s'éclaire dans le soir naissant.

Le yacht de bois verni file maintenant à toute vitesse, et son ventre tape avec rage sur les vagues. Le vent du soir ne suffit pas à rafraîchir Henri qui, effrayé, ne demande qu'à perdre de vue cette maudite maison et ce médecin diabolique. Regardant par-dessus son épaule, il ne voit aucune embarcation qui tente de le rejoindre. Évidemment, la vitesse de ce bateau aura éclipsé n'importe quelle chaloupe. Mais il craint que, ayant rejoint les berges, ses poursuivants ne montent à bord d'une puissante voiture qui viendrait le rattraper au premier quai croisé.

Reconnaissant une ville qu'il suppose être Valleyfield, le fugitif choisit donc d'éteindre le moteur, puis d'attendre la nuit pour regagner discrètement le port.

5

Le volontaire

À l'intérieur de la cabine du *Winifred*, Henri a trouvé un peu d'argent, une chemise, une veste de laine et du papier. Il a composé une brève lettre à l'attention d'Emery :

Je m'excuse : je me suis trompé. Ceux qui recherchent le pendentif que je t'ai laissé sont prêts à tout pour le retrouver. Ils viendront sans doute le chercher jusqu'à la maison. Défais-toi de ce bijou. Si tu ne peux te résoudre à le détruire, envoie-le au chalet de l'oncle Ubald, au lac Nairne. Et, de grâce, brûle cette lettre !

Henri

Une fois descendu, il a détaché le yacht et l'a laissé regagner le large. Sur ses gardes, il a marché jusqu'à un café où il a rencontré un généreux cantonnier qui l'a pris à bord de son camion. C'est ainsi que, en quelques heures, il a rejoint la métropole canadienne [4].

Montréal n'est pas Québec. Et encore moins Saint-Blaise! La marée des passants, le flot des tramways et les vagues successives de voitures à travers des îlots de gratte-ciel gris étourdissent Henri. Il fait le constat que cette ville, qui lui est presque inconnue, est trop étendue pour qu'on s'y retrouve. Sac à l'épaule, il s'introduit dans un café où il commande une boisson et demande son chemin.

— Le centre de recrutement? Simple : rendez-vous au coin de Peel et de Notre-Dame. Votre père ou votre mère y travaille-t-il? demande la caissière, sans la moindre malice.

Vexé, Henri dévisage avec fureur la femme. A-t-il l'air si jeune? Après toutes ces aventures, il sent qu'il a vieilli de dix ans.

Il avale sa tasse de thé d'un trait, puis repart. Aux portes du centre de recrutement, il n'y a pas foule. Un homme, qui a sans doute le triple de son âge, se tient devant lui, attendant que le commis au comptoir lui fasse signe de s'approcher.

---

4 En 1941, Montréal est encore la ville la plus populeuse du Canada.

— Est-ce Dieu possible que des enfants veuillent s'enrôler! grogne le vieil homme.

— Je me disais exactement la même chose en vous voyant, réplique avec aplomb Henri. N'avez-vous pas une femme, des enfants?

— Oui, mais je n'ai pas de travail. Mon fils aîné pourra faire vivre ma femme. Moi, je ne veux pas être un fardeau. Puis, je veux m'enrôler dans les blindés. Comme cela, il y aura toujours une machine pour me transporter. Et j'aurai quarante-six dollars et cinquante sous par mois à envoyer à ma famille.

Le garçon est surpris. Comment un homme, plus vieux que son propre père, peut-il souhaiter faire ainsi don de sa vie pour délivrer un pays qui n'est pas le sien et céder l'ensemble de sa solde à sa famille, comme cela, sans regret? Mais l'homme est déjà appelé au comptoir, et Henri demeure sans réponse.

Il croit son tour venu lorsqu'un officier de la police militaire arrive à ses côtés.

— Pardon, mon garçon, mais il ne faut pas rester ici. Ici, c'est la ligne pour ceux qui veulent s'enrôler.

— Mais je viens m'enrôler!

— Ah oui? As-tu des papiers? Je peine à croire que tu es assez vieux.

— Bien sûr que je suis assez vieux, marmonne Henri, en baissant le ton, tendant du bout des doigts son baptistaire.

— Seize ans. Ne te moque pas de moi, petit. Tu n'as pas l'âge.

— Je n'ai peut-être pas l'âge, mais j'ai le courage! vocifère encore Henri, repoussé vers la porte de l'édifice.

Le voilà dans la rue avec quelques sous en poche. *Cette journée de printemps n'est pas chaude,* pense-t-il, en remontant le col de son manteau. Le vieil homme avec qui il vient de s'entretenir sort à son tour, l'air préoccupé.

— Pas de chance?

— Moi? On verra. Ils disent qu'ils veulent étudier mon dossier. Et toi?

— Paraît-il que je suis trop jeune, gémit Henri.

— Essaie toujours à l'arsenal des FMR.

— Les FMR?

— Les Fusiliers Mont-Royal. Coin Henri-Julien et avenue des Pins. Avec un peu de chance, tu seras là dans une demi-heure.

Aussitôt dit, aussitôt fait. Sa marche, rapide, le réchauffe. À chaque coin de rue, Henri regarde autour de lui, craignant de rencontrer le regard de l'étrange docteur Lalanne. Ou de l'un de ses sbires. Une affiche, collée sur une clôture de bois, l'interpelle : « Méfiez-vous : révéler toute information de guerre, c'est servir l'ennemi ! Silence ! » L'image révèle la silhouette d'Hitler, épiant, les lèvres serrées, de jeunes soldats qui bavardent. Henri craint encore que les hommes du docteur le suivent. Il croise les rues Saint-Jacques, Saint-Antoine, la cathédrale Marie-Reine-du-Monde, le boulevard Dorchester [5]. C'est sa première visite à Montréal ; il est indifférent aux visages et aux corniches de la métropole. C'est la tête pleine de victoires en France, en Belgique et en Allemagne qu'il avance. À mesure que la distance entre le manège militaire des Fusiliers et lui rétrécit, son assurance gonfle. Cette fois-ci, il ne se fera pas faire le coup. *Au diable le baptistaire, je ferai croire qu'il a été détruit*, pense-t-il.

---

5 Maintenant le boulevard René-Lévesque.

L'édifice, construit comme un châtelet, avec ses tourelles de pierres, attend Henri de pied ferme. Une fois de plus, son apparence trahit son âge.

Déçu, furieux, penaud même, il repart vers la gare, cherchant un moyen de regagner le chalet de l'oncle Ubald, à Sainte-Agnès. Le long de son trajet, tandis que le soleil décline, il croit entendre, comme un diable et un ange perchés sur ses épaules, son père et son oncle qui, dans ses oreilles, prodiguent leurs conseils. L'un déclare : « Un véritable bon à rien. Incapable de devenir un simple soldat, alors qu'on expédie des contingents outre-mer à pleins bateaux. Il te reste bien quelques dollars. Ils suffiront pour qu'une taverne t'accueille… À moins que tu sois trop imbécile pour entrer là aussi. » Et l'autre, de son côté, murmure : « Attends tes dix-huit ans et retourne poser ta candidature comme soldat, si c'est ce qui te motive. Après tout, rien n'indique que, dans un an et demi, la guerre sera finie. »

— Dans un an et demi ! Mon oncle ! Vous n'y pensez pas ! C'est une éternité ! dit tout haut le pauvre Henri, les épaules basses, en remontant la rue Sainte-Catherine. Les passants le regardent s'empêtrer dans une conversation avec sa conscience.

Arrivé à la gare Viger, Henri est affamé. Il commande un sandwich au buffet de la gare, puis s'assoit sur un banc. *Maintenant*, se dit-il, *comment regagner Sainte-Agnès en toute discrétion?* Il n'a pas assez d'argent. Il pourrait se contenter de téléphoner à l'oncle Ubald qui réglerait tout : une jolie secrétaire l'attendrait à son usine de Montréal, tenant un billet pour un compartiment en première classe qui le déposerait à la gare du Palais, frais et dispos, après avoir mangé un repas plus consistant et mieux apprêté que ce vulgaire sandwich au jambon qu'il éructe avec dégoût. Pourtant, il veut à tout prix éviter de demander de l'aide ; il est résolu à ne revenir dans sa famille que lorsqu'il aura accompli quelque chose de grand.

Mais quoi ?

Tout en errant près du quai, il réfléchit. Une affiche, dans l'entrée de la gare, le frappe :

« *Men with a purpose, join the Royal Canadian Air Force* ».

A purpose... Avoir un but ! C'est exactement ce qu'il cherche, bon sang ! Il entend s'approcher un lourd chariot enseveli sous de grandes poches vert olive, près de la clôture de la gare. De l'équipement militaire, sans doute.

Une idée germe dans son esprit. Une idée qui, rapidement, l'envahit. Il pense à son cousin Laurent. À l'hydravion du lac Nairne. À ses démarches d'enrôlement avortées. Avec la vitesse de l'éclair, il se décide : il doit trouver une façon d'intégrer l'Aviation royale canadienne ! Après tout, il connaît déjà les rudiments du pilotage ! Voilà peut-être sa chance. Voyant que l'homme a du mal à déplacer son chargement, Henri l'aide en retenant la barrière qui mène au quai d'embarquement des marchandises. Il l'interroge sur le contenu de ces grandes poches :

— De vieilles tentes que le ministère de la Guerre envoie vers Saint-Gabriel-de-Valcartier. J'ai l'impression que les petits soldats vont s'entraîner à envahir Berlin. Imaginez ces toiles résistantes sous les bombes de monsieur Hitler ! Ah ! Ah ! Ah !

L'homme s'éloigne, hilare, pour récupérer un autre chargement qui encombre l'entrée. La grille est demeurée ouverte. Henri ne fait ni une ni deux. Personne en vue : il soulève un sac, se couche sur le chariot, puis laisse la lourde poche lui retomber dessus. Bientôt, il se retrouve dans un wagon de marchandises, surpris par la facilité avec laquelle il quitte

Montréal. Le train transitera par Québec. Là, il tentera sa chance et sautera à terre. Rien ne peut l'arrêter !

6

L'aviateur

Sainte-Agnès – Printemps 1941

La nuit glacée engourdit les doigts d'Henri, mais tout le reste de son corps est réchauffé. Tâtonnant dans la noirceur, il atteint le perron et retrouve, au fond de sa poche, la clé du chalet.

— Il était temps! grogne-t-il en pensant à tout le chemin parcouru.

Le voyage à bord du train de marchandises s'est avéré inconfortable; il s'agissait d'un wagon ouvert, sans toit. Les sacs étaient fouettés par un vent piquant. À Québec, le train a ralenti à un aiguillage. Le jeune homme en a profité pour prendre un élan et plonger dans un fossé. Puis, avisant un autre convoi de marchandises en partance, direction La Malbaie, il s'y est accroché, se blottissant du mieux qu'il le pouvait, recroquevillé sur la plateforme d'un wagon-citerne. Comme il l'avait espéré, le chargement dont il faisait partie se dirigeait vers Clermont. Arrivé au village, endormi, transi, les doigts engourdis par le froid, il a entrepris une longue marche jusqu'au lac Nairne et, deux heures plus tard, affamé et épuisé, il est enfin arrivé à sa destination.

Le chalet de son oncle n'est pas un petit bâtiment rustique : cette maison de campagne compte une dizaine de pièces. L'immense galerie fait face au lac, où les amateurs d'aviation viennent poser leurs hydravions tout l'été. L'automne, les appareils regagnent les hangars, et leurs propriétaires, la ville. Après avoir dévoré le contenu d'une boîte de légumes en conserve, Henri regagne sa chambre pour trouver un sommeil parcouru de cauchemars où il revoit le spectre de l'île Calypso qui s'efface dans la nuit. Puis, brisé de fatigue, il finit par s'endormir pour de bon.

Lorsqu'il se réveille, il ne réalise pas qu'il hiberne ainsi depuis deux jours. Le ventre creux, il explore la cuisine. Des conserves, et encore des conserves : marinades, viande en boîte, œufs en saumure, sirop d'érable.

— Le pire, c'est que tout cela a l'air meilleur que les ragoûts de maman.

Après s'être sustenté, il sort. La journée est ensoleillée, belle, tranquille. Autour du lac, les plus pressés des arbres commencent à s'habiller d'un timide feuillage printanier. Tout lui semble si paisible maintenant ; un immense sentiment de paix l'étreint. Il a envie de demeurer là, sur la galerie, alors que le soleil de midi réchauffe la maison, et laisser le temps passer. *Mais j'ai plus important à faire,* pense-t-il, en traversant le chemin séparant la maison du lac.

La porte du hangar s'ouvre aisément. À l'intérieur, l'hydravion flotte, le nez pointant vers de grands panneaux de bois qu'il plie les uns sur les autres pour laisser la clarté du jour pénétrer à l'intérieur. L'appareil, un petit biplan tout argenté, à la queue rouge, ondoie, indolent, sur son grand flotteur. Après avoir libéré l'hélice des câbles qui la retiennent immobile, le jeune aventurier saute sur le flotteur et vérifie le niveau de carburant. Il sourit et pose son pied sur l'aile pour escalader la carlingue. Or, le bruit des portes qui claquent semble avoir attiré l'attention d'un voisin, car une voix interrompt ses manœuvres.

— Henri ?

Un homme d'une quarantaine d'années, vêtu d'un chandail et d'un pantalon de laine, vient d'apparaître dans l'abri. Le jeune homme ne s'attendait pas à ce que quelqu'un puisse déjà résider dans les parages à ce temps de l'année. Il est confus.

— Bonjour. Puis-je vous être utile ?

— Ce serait plutôt à moi de te le demander, réplique l'homme en souriant. As-tu déjà piloté cet engin ?

— À qui ai-je l'honneur ? demande le garçon, agacé par la présence de cet intrus, qui vient de briser sa solitude.

— Émile Cardinal, voisin du chalet de ton oncle, répond le nouvel arrivant.

— Vous connaissez mon nom, fait Henri avec méfiance, en ignorant la main que lui tend Émile.

— Toi, tu as bien compris qu'en temps de guerre, il faut rester sur ses gardes ; il y a des espions partout ! Mais ne t'en fais pas, c'est ton oncle qui m'a prévenu que tu finirais sans doute par aboutir ici.

— Et vous, que faites-vous ici? À ce temps-ci de l'année, ce n'est pas usuel de se prélasser dans un patelin aussi perdu.

— Ah! Ah! Ah! Tu as raison. Je suis en permission. C'est mon dernier instant de liberté avant de prendre le chemin de l'Angleterre.

— Vous êtes donc soldat?

— Je suis capitaine d'aviation.

Henri retient une mimique de surprise. Soudain, cet homme lui paraît sympathique. Grand et mince, des yeux francs de chaque côté d'un nez étroit, et les cheveux bruns rabattus vers l'arrière, le capitaine Cardinal a tout ce que le garçon imagine du parfait aviateur.

— Allons. Tu peux descendre de cet appareil, finit par dire Émile.

— Pas du tout. Au contraire, j'ai l'intention de m'entraîner.

— T'entraîner? À quoi?

— À voler, pardi!

— Toi? À ton âge? On doit suivre un cours pour...

— Justement, Laurent m'a tout montré. J'ai piloté cet avion moi-même l'été dernier. Et j'ai lu plusieurs manuels. Je serais même capable de voler de nuit.

— Donc, tu es un petit prodige, fait remarquer Émile, le sourire en coin. Il ajoute : et où veux-tu aller, avec ce coucou?

— Ce coucou, c'est un Seagull. Un Curtis SOC Seagull. Moteur Pratt & Whitney. Prototype conçu pour l'armée américaine. Mon oncle l'a acheté pour une bouchée de pain, clame Henri, avec un air de défi mêlé d'impatience.

— Il y en a qui prennent des bouchées plus grandes que d'autres, réplique Émile. Et tu vas me faire croire que, seul, du haut de tes trois pommes, tu comptes… que comptes-tu faire, au juste?

— M'entraîner, tout simplement. Et quand je maîtriserai à fond les commandes, je me présenterai au bureau de recrutement de la RCAF, à Québec, pour leur montrer mon talent. Je finirai par piloter des chasseurs bombardiers et je bombarderai l'Allemagne.

—Ah! Ah! Ah! Si c'était si simple, j'aurais déjà logé un obus entre les amygdales d'Hitler! répond le capitaine d'aviation sur un ton moqueur.

Henri ne l'écoute plus. Têtu, il manœuvre les ailes de l'appareil pour le diriger vers la lumière. Émile Cardinal ne rit plus : l'oncle Ubald lui a demandé de veiller à ce que, à son arrivée, son impétueux neveu ne fasse pas de bêtises. Et le garçon s'apprête visiblement à commettre la pire de toutes.

— Henri, reviens, je crois que nous devons parler et…

Il tend les mains pour attraper le gouvernail. Trop tard ; l'eau emporte l'hydravion et l'adolescent résolu grimpe dans l'habitacle. L'impatience et la colère rongent Henri : tout le monde veut le freiner ! *Et après, on vient me dire que je suis un raté. Eh bien, on va voir ce qu'on va voir !* pense-t-il, en posant ses fesses sur le siège de métal. Ce n'est pas la première fois qu'il s'installe à cette position. La différence, cette fois-ci, c'est que Laurent n'est pas assis derrière lui pour lui rappeler les étapes de la mise en marche de la machine volante.

Il actionne le démarreur. Un fin nuage d'huile et d'essence circule, sombre, à travers la tuyauterie, et le moteur s'éveille en grognant. Ses neuf pistons entonnent en chœur leur symphonie mécanique. L'hélice tourne déjà à une vitesse irrégulière, en quête du rythme idéal pour la valse qu'elle s'apprête à danser.

Émile crie encore quelques mots que Henri refuse d'entendre en rabattant avec vigueur la verrière. Le roulement du moteur devient plus sourd, et le pilote en herbe en profite pour inspecter les cadrans.

— Tout a l'air normal... Du moins, selon ce dont je me souviens... À quoi peut bien servir ce cadran, déjà? Bah! On verra cela rendu dans le ciel, commente-t-il à voix haute.

Devant lui, le lac s'étire comme une piste de décollage infinie. Du moins, jusqu'aux grands sapins qui en déterminent la frontière. L'adolescent met les gaz. Le vent, vers le centre du lac, souffle fort. Il choisit cet endroit pour décoller!

Le pilote ralentit et cabre le manche; l'appareil tourne sur lui-même avec lenteur et se positionne contre le vent. Henri se sait observé, et ce spectateur l'indispose. Nerveux, il reprend son accélération. La rive se rapproche. Avec elle, tout un barrage de pierres, de sable et d'arbres grandit dans son champ de vision. Soudain, il se décide. Il tire sur le manche à balai. Le nez de l'appareil se relève et il ressent l'étrange sensation provoquée par le flotteur qui s'extirpe de l'eau. Ça y est, le grand oiseau quitte le lac.

Cinq pieds, dix pieds, quinze pieds[6], pense-t-il, loin du compte. Il rétracte les volets et l'avion répond presque instantanément à son appel en perdant de l'altitude. Surpris, Henri croit un instant que l'appareil tombe et il tire le manche d'un coup sec. Dans sa poitrine, son cœur galope. L'hydravion gagne le ciel avec rapidité et Henri ne parvient plus à calculer sa vitesse, comme s'il était emmêlé dans les nœuds[7]. Sous ses pieds, les grands sapins ne sont déjà plus que de minuscules cônes verts. L'appareil roule vers la droite. Henri corrige légèrement sa position, les doigts cramponnés au manche, mais le roulis l'inquiète. Les ailes oscillent de plus en plus.

— De gauche à droite, murmure-t-il en stabilisant peu à peu l'hydravion.

---

[6] À l'époque, le Canada utilise encore le système de mesure impérial. Un pied correspond à trente centimètres.

[7] Le nœud est l'unité de mesure avec laquelle on calcule la vitesse des avions et des bateaux.

En bas, demeuré sur le quai qui ceinture le hangar, Émile Cardinal n'a rien manqué de la manœuvre. Abasourdi par le revirement de l'appareil, il a constaté que, dans son nouvel angle, la distance de décollage était trop courte pour un débutant. Convaincu que les ailes inférieures du biplan finiraient par lécher la surface de l'eau, il ne donnait pas cher de cette envolée. Récapitulant dans sa tête les mouvements d'Henri, il a commenté, pour lui-même, chacune de ses actions.

Accélération trop rapide.

Il va manquer de distance pour prendre son envol ; je ne donne pas cher de sa portance.

Ah ? Il lève. Trop vertical. Si la queue touche l'eau, je… Ouf ! Il s'élève.

Il vient de repousser le manche. Cela doit tanguer à bord.

Finalement, contre toute attente, Émile a vu l'hydravion rétrécir à l'horizon, avant d'effectuer une courbe qui l'a emporté à l'est.

À bord, Henri exulte, fier d'avoir réussi son décollage et, en plus, d'avoir effectué la manœuvre sous les yeux d'un officier de la RCAF.

— Maintenant, il ne lui reste plus qu'à me donner mes ailes ! dit-il en pensant aux insignes cousus sur l'uniforme des aviateurs.

Tournoyant un peu dans le ciel et ne connaissant rien à la géographie de l'endroit, Henri prend soudain peur. *Et si je ne retrouve pas le lac?* Il fait alors demi-tour, survole la région à basse altitude, repère le village de Clermont, la rivière et la voie ferrée. Tout lui semble tellement minuscule ! Petit comme ces maquettes de maisons qui décorent les vitrines des magasins de Québec à Noël. Le lac Nairne est immanquable, maintenant. Immanquable, certes, mais si l'amerrissage s'avérait plus difficile qu'il ne le croyait ? Après tout, poser un tel engin n'est pas aisé. Il lui faut quatre tentatives d'approche avant de placer l'appareil dans un angle qu'il estime idéal pour l'opération.

Sur l'étendue d'eau, un résidant des environs rame avec ardeur. Depuis quelques minutes déjà, il voit cet appareil piquer vers le lac.

Quel fou furieux ! se dit le pêcheur. *Jamais il ne se posera en pointant son nez ainsi !* Son seul salut : retrouver la berge avant que l'hydravion ne tente d'amerrir.

Plus loin sur la rive, Émile s'inquiète. Henri incline trop l'appareil ; il risque de plonger droit au fond du lac. Puis, il y a l'homme dans la barque qui s'est laissé dériver et qui tente de regagner l'autre berge. Pourvu que…

Trop tard ! L'hydravion réapparaît et, cette fois, réduit son altitude de façon plus graduelle. Malheureusement, s'il a stabilisé le roulis et s'approche par palier, Henri néglige la cime des sapins. L'un d'eux accroche l'aile gauche et y laisse une grosse branche qui s'est coincée dans un flotteur. Le bruit surprend Henri. Son avion chancelle. L'adrénaline le tient en alerte. Reprenant son sang-froid, il continue sa descente et sent le flotteur plonger dans le lac avec vigueur, créant une vague qui éclabousse tout autour de lui. L'eau coule sur sa verrière. Il s'est posé.

— Ouf ! Rien de cassé !

Il pousse un grand soupir, tandis que l'appareil dérive. Il ne voit pas, au loin, les signaux que lui envoie Émile. Quant aux cris de l'homme à la barque, il ne les entend pas, puisque ceux-ci sont couverts par le bruit du moteur.

Crac ! Le flotteur de l'aile inférieure droite entre en collision avec la chaloupe que l'occupant, par prévention, vient d'abandonner en plongeant dans l'eau froide du lac Nairne.

7

Le doute

Quarante-huit heures passent, puis Henri reçoit la visite du facteur qui lui apporte un colis. Le collier. Emery, de son écriture élancée et fine, lui fait part de son inquiétude. Il évoque l'espionnage, la guerre. Il incite son destinataire à la prudence. Voilà bien son petit frère à l'imagination débordante. Et pourtant, il est loin d'avoir tort. Cinq jours après sa fuite, Henri Léveillée n'arrive pas encore à se défaire des images de l'île Calypso, du regard trop courtois du docteur, des croix gammées incrustées aux quatre coins de la maison, des uniformes hitlériens. Il observe constamment les alentours par les fenêtres du chalet, à l'affût d'un intrus, d'une présence indésirable. En vain.

Il regrette presque d'avoir demandé à son frère de lui retourner cet embarrassant trésor. Il aurait mieux fait de l'envoyer à la police. Mais comment Emery aurait-il expliqué le fait qu'un bijou volé à Québec se retrouve à Saint-Blaise ? Il aurait été suspecté. Henri enfouit l'objet sous son oreiller et tente de ne plus y penser, préférant rejoindre Émile au hangar.

Les jours suivants, ils exécutent quelques sorties dans le ciel du lac Nairne. Chaque fois, le capitaine Cardinal ne tarit pas d'éloges sur les talents de l'adolescent. Le soir, il l'invite à manger à son chalet, ce qu'Henri ne peut refuser ; la saveur fade des conserves empilées dans le garde-manger le laisse sur son appétit. Puis, avoir quelqu'un à qui faire la conversation le réconforte, même s'il doit taire tous les secrets qui s'accumulent sur sa conscience : son enrôlement raté, son enlèvement par les chemises bleues du docteur Lalanne et son propre crime, le vol du collier. Émile lui apprend quelques techniques de pilotage, lui raconte la vie en Angleterre et lui explique le conflit militaire.

Le jeune Léveillée semble peu au fait de l'actualité :

— Tu ignores donc que Londres est bombardée sans relâche par l'aviation allemande !

Henri hausse les épaules. Il essaie de se souvenir des grands titres des journaux; tout cela est imprécis dans sa mémoire. Jamais il ne s'est réellement demandé qui, dans ce conflit, était le plus fort. Pour lui, cela va de soi : c'est l'Angleterre. Et puis, ici, au Canada, il ne peut rien arriver. Émile s'est tu. Il le regarde d'un air songeur, comme s'il tentait de lire dans sa tête. Puis, il lâche :

— Parlant d'actualité, savais-tu qu'un précieux collier a été volé la nuit suivant ta fugue du Séminaire?

— Je ne lis pas le journal, répond aussitôt le jeune homme, embarrassé.

Pendant quelques secondes, un silence inconfortable règne dans la véranda d'Émile. Précipitamment, Henri se lève et se retire en invoquant un mal de tête. À pas pressés, il retraite à travers les arbres, entre chez lui et monte à sa chambre. Il plonge sa main dans la taie de son oreiller. Le bijou s'y trouve toujours. Machinalement, il l'enfonce dans sa poche. Puis, l'esprit obscurci de questionnements, il se met à arpenter, inquiet, le grand chalet que la noirceur a envahi.

— Quel nigaud je suis! Pourquoi l'ai-je quitté avec tant de précipitation? Maintenant, il se doute de quelque chose!

Les questions se bousculent dans la tête du garçon. Pourquoi Émile a-t-il abordé ce sujet? Peut-il vraiment se douter de quoi que ce soit? A-t-il fouillé sa chambre pour émettre un tel sous-entendu? Y avait-il, d'ailleurs, un sous-entendu? Peut-être n'était-ce qu'une coïncidence…

Une autre hypothèse le cloue sur place : et si Émile était de mèche avec les nazis de Lalanne? Ou s'il avait été engagé par Berger pour le traquer? Après tout, ce Berger n'a sans doute pas, lui non plus, renoncé à son trésor.

Henri panique. Maintenant, il ne pourra plus avoir confiance en Émile. Ou, plutôt, Émile ne pourra plus avoir confiance en lui : Léveillée est bel et bien l'auteur de ce vol! Henri se morfond. Il maudit ce pari qu'il n'aurait jamais dû accepter. Il maudit aussi Berger. Cette affaire stupide finira tôt ou tard par le rattraper. Et c'est lui, Henri Léveillée, qui en paiera le prix.

Allant d'une pièce à l'autre, dans la pénombre, guidé par les rayons de lune qui filtrent aux fenêtres, il aboutit dans la cuisine.

Il a l'estomac noué et le cœur gros. Demain devait être leur dernière sortie en hydravion avant qu'Émile ne reparte à la guerre. Il passera cette journée seul, caché, à manger des conserves avec, dans ses poches, cet embarrassant collier.

Soudain, ses yeux croisent, sur le comptoir, des boîtes vides et des couvercles reposant aux côtés d'un sertisseur. Une idée germe dans son esprit.

8

La recrue

Québec – Mai 1941

Il y a de cela quelques semaines, Henri s'était présenté au bureau de recrutement de la rue de Buade, à deux pas de la cathédrale. Armé de tout son courage et d'une semaine de barbe qui lui perçait à peine l'épiderme, il s'était adressé au premier comptoir et, avant qu'on lui demande, il a mis cartes sur table :

— Je vais avoir dix-neuf ans dans quelques semaines. Je me suis dit que si je venais tout de suite donner mon nom, cela accélérerait votre travail.

— Euh, oui, bien sûr, lui avait dit l'homme en uniforme, au comptoir. Avez-vous vos papiers ? Un baptistaire, un passeport ?

— J'ai fait toutes les demandes pour ces papiers, mais quand on est orphelin, vous savez…

— Ah… Euh… D'accord, avait répondu le registraire, aussitôt mal à l'aise.

— Oh, mais ne soyez pas désolé. Cela m'aide beaucoup que vous remplissiez ces documents sur-le-champ, a répliqué Henri, rusé, en profitant du malaise de son vis-à-vis. Mais si vous pouviez faire vite… J'ai dû interrompre mes études et je serai sans doute expulsé de mon appartement…

— Je comprends, avait répondu l'homme sur un ton compatissant. Je vais voir à ce que votre demande soit traitée rapidement. Après tout, ce n'est pas comme si on se ruait aux portes pour faire partie de la RCAF ! Au juste, qu'est-ce qui vous incite à vous enrôler ici, plutôt que dans l'armée régulière ? Ou la marine ?

— L'admiration, m'sieur. Cela doit être formidable de prendre le ciel comme champ de bataille… Vous savez : « Lancer un équipage, à deux cents kilomètres à l'heure, vers les orages et les brumes et les obstacles matériels que la nuit contient sans les montrer… »

— Il me semble avoir déjà lu cela quelque part…

— Saint-Exupéry, m'sieur. *Vol de nuit…*

— Vraiment, jeune homme, vous possédez une culture rare pour une recrue. Je passe mes journées à refuser des quidams qui n'ont pas l'âge, qui n'ont pas d'études et qui ont commis toutes sortes de vols, excepté ceux à bord d'un avion, si vous voyez ce que je veux dire.

Henri avait acquiescé, silencieux. L'homme avait ajouté :

— Quand vous serez convoqué, il faudra vous présenter au Manning Depot number 4. Vous y passerez un examen médical, on vous donnera un uniforme et l'équipement nécessaire. Évidemment, tout cela dépendra de l'étude de votre dossier.

Pour cela, Henri n'avait pas de crainte : le lendemain de son départ précipité de chez Émile, ce dernier était venu le voir et s'était informé de son mal de tête, puis ils avaient piloté une dernière fois l'hydravion. Enfin, Émile lui avait confié une série de consignes à suivre pour déposer sa candidature à l'Aviation royale canadienne. Henri, qui avait cru pendant un instant qu'Émile pouvait faire partie de la bande du docteur Lalanne, avait alors repris confiance envers ce sympathique aviateur.

Avant de quitter le lac Nairne pour l'Angleterre, le capitaine Cardinal avait préparé une note à l'attention du bureau de recrutement de Québec.

— Et si ton père venait à l'apprendre ? Il n'a donné aucune autorisation…

— Mais il ne l'apprendra pas : je dirai que j'ai dix-huit ans, et cela suffira !

— Espérons. De toute façon, tu feras un fameux pilote ! Si tu peux juste éviter de fracasser toutes les chaloupes qui se présentent sur ta route, avait conclu Émile en faisant sa valise. Ta première mission : convaincre le préposé qui sera au comptoir du bureau de recrutement. Si le plan fonctionne, ton dossier se retrouvera à l'interne, là où l'attendra ma recommandation. Allons, on se serre la main. Avec un peu de chance, on se revoit dans le ciel d'Angleterre !

Émile était ensuite monté dans sa voiture et avait abandonné Henri à sa fébrilité.

Deux semaines s'étaient écoulées. Deux semaines qui lui avaient semblé durer deux siècles. Deux semaines pendant lesquelles Henri s'était surpris à lire les journaux et à souhaiter que la guerre ne finisse pas, salivant d'en découdre avec les Allemands dans le ciel d'Europe. Deux semaines pendant lesquelles, selon les conseils d'Émile, il avait relu scrupuleusement les manuels de son cousin. Jusqu'à ce qu'il reçoive une convocation officielle du dépôt des effectifs, appelé plus communément le Manning Depot number 4, rue Saint-Charles, à Québec.

Et maintenant, Henri s'approche de cet ancien orphelinat acquis par le ministère de la Défense. Il s'apprête à pénétrer dans l'édifice que protègent deux soldats, avec son air le plus sérieux et le plus décontracté. Sur son épaule, un sac léger où reposent quelques objets personnels. Parmi ceux-ci, une boîte de conserve garnie d'une étiquette de sirop d'érable. Curieux souvenir.

Les événements se précipitent alors à une vitesse folle, prenant Henri par surprise. Il passe d'abord par le bureau d'une secrétaire au regard distant qui lui fait remplir papier par-dessus papier, ajoutant aux demandes de signatures des informations diverses que la jeune recrue n'entend que d'une oreille distraite.

— Voici enfin les documents médicaux. Vous sortirez du bureau et longerez le couloir à droite, jusqu'à la porte où il est écrit *Examination*. Si cela se trouve, il y aura une file de jeunes gens qui attendent déjà.

Ainsi expédié, il se rend jusqu'à l'endroit indiqué. Un infirmier l'invite à se dévêtir.

— Quoi, ici?

— Si tu étais dans le bureau du commandant, il y aurait de quoi être surpris, mais ici, c'est l'infirmerie, mon gars.

Gêné, Henri s'arrache à ses vêtements sous l'œil amusé d'autres hommes qu'il devine plus vieux et, sans doute, plus à l'aise que lui dans un vestiaire.

— D'où sors-tu, gamin? demande l'un en ricanant.

— Moi, je pense qu'il s'est sauvé de la sacristie de la chapelle du Grand Séminaire. Au fait, quel âge as-tu?

— On a l'air jeune, dans ma famille, marmonne Henri en rougissant.

L'examen auquel il doit se livrer ensuite n'a rien pour freiner sa gêne.

— Allons, vite, jeune homme. Hâtez-vous d'aller vous rhabiller, lui commande le docteur, alors qu'il tente d'avoir les résultats de l'examen.

— Mais, est-ce que tout va bien? Vous avez l'air soucieux, docteur.

— Oui, tout va bien, tout va bien. Vous avez été fait selon les règles de l'art; aucun défaut de fabrication, lance le médecin, en retournant à sa table. En fait, oui, il y a un problème.

— Lequel?

— C'est qu'avec votre lenteur, vous allez manquer le prochain départ pour l'EFTS.

— L'EFTS? De quoi s'agit-il?

Privé de réponse, le jeune aventurier se retrouve pris dans l'étrange tourbillon des ordres qu'un officier répète à travers les couloirs et les salles du grand édifice. Il retourne au vestiaire. *Vite, mes guenilles*, dit-il à voix haute, nu-fesses, cherchant dans une pile de vêtements ceux qu'il a laissés là quelques minutes plus tôt.

— *Hey, Kid! Are you sure that you are old enough for the army?*

Henri se retourne. Devant lui, un homme qui fait bien une tête de plus que lui, en uniforme, le dévisage, faisant valser au bout de son index le caleçon que Henri a, à regret, laissé de côté quelques instants plus tôt.

— Eh! Mes culottes!

— Je pense toi connaître Émile Cardinal, *isn't it*? prononce l'inconnu, avec un fort accent.

— Qu'est-ce que cela peut bien te faire?

— *Bad thing, bad thing*, répète l'homme, tout en dressant les vêtements de Léveillée au bout de son bras.

Mais d'où sort-il, celui-là? Selon le grade indiqué sur son uniforme, il est adjudant. On y lit aussi qu'il s'appelle Sanders. Mais pourquoi lui en veut-il ainsi? Henri, qui s'étire pour attraper ses habits, l'entend éclater d'un rire gras.

— Eh, sale Engliche, donne-moi mes vêtements. Je suis pressé!

L'homme, sans se départir de son rire condescendant, élève la voix:

— *Hey! Guys! Come here. Your frenchie fellow is in trouble!*

Sanders vient d'inviter son public à assister à l'humiliation du pauvre Henri qui peine à

98

rattraper ses habits. Le sous-officier ne se doute pas que le jeune homme est tout aussi impulsif qu'ignorant en ce qui a trait à la hiérarchie militaire. Sans réfléchir, l'adolescent serre le poing, puis l'envoie en plein dans la mâchoire de l'adjudant, qui tombe à la renverse.

Oh! merde! Qu'est-ce que je viens de faire? se dit-il en regardant l'homme heurter le parquet pour y finir sa chute, assommé.

Dans le corridor résonne le pas de quelques soldats qui répondent sans doute à l'appel de ce Sanders. Ne faisant ni une, ni deux, Henri ramasse ses vêtements et se propulse dans une pièce adjacente pour enfiler le tout, sous le regard stupéfait d'une infirmière.

— Pardon. Je… euh… Je pense que quelqu'un a eu un malaise, là, dans le vestiaire.

Il prend ses jambes à son cou, se remémorant qu'il est attendu à l'autre extrémité de l'édifice, là où l'équipement est distribué. À cet endroit circulent, comme dans un manège, des dizaines d'hommes qui s'empressent d'ajouter, à la chemise et au pantalon réglementaires, des bottes, un ceinturon, une veste, un manteau, une cravate, un calot et un havresac. Il entend des commandements aboyés avec férocité et s'empresse de prendre la première place qu'il rencontre dans une file indienne. Il aboutit à un comptoir où il tend une carte qu'il n'a pas pris le temps de consulter.

Il est étourdi par les ordres scandés en anglais ; il échange ses vêtements contre l'habit militaire de grosse laine bleu foncé. C'est ainsi que, en quelques heures, il se retrouve à bord d'un train qui l'expédie à Saint-François-Xavier-de-Brompton, en banlieue de Sherbrooke. Plus précisément, à l'Elementary Flying Training School Number 4 Windsor Mills. C'est l'EFTS. C'est à cet endroit qu'il devra, pendant huit semaines, se familiariser avec les techniques de vol d'un appareil biplan : le Tiger Moth.

Sur place, on lui demande de se soumettre à un long examen théorique. C'est alors qu'il comprend pourquoi Émile tenait tant à l'interroger sur ce qu'il avait appris à la lecture des manuels de son cousin. Il comprend aussi qu'Émile jouit d'une grande influence auprès des autorités de l'aviation ; en réussissant cet examen, l'apprenti aviateur vient d'éviter un mois d'études à une école d'entraînement initial. Si Henri prouve sa maîtrise des notions d'aviation, de météorologie et de trigonométrie, il doit tout de même rencontrer un psychiatre qui l'interroge longuement sur ses motivations à s'enrôler.

Puis, rapidement, il se retrouve aux commandes d'un Tiger Moth. Son instructeur comprend très vite combien Henri aime piloter, mais surtout, jusqu'à quel point le pilotage de cet avion d'entraînement constitue un jeu d'enfant pour ce jeune doué de l'aviation. Audacieux, l'adolescent y va même de quelques acrobaties aériennes vivement réprouvées par son supérieur.

À cette hardiesse s'ajoute un sentiment de solitude vite remarqué par les supérieurs qui administrent les installations de Windsor Mills. Ceux-ci, inquiets, imposent à Henri une nouvelle consultation avec le psychiatre.

— « Élève solitaire et téméraire », lit tout haut le docteur qui fait face au garçon, avant de le dévisager par-dessus ses lunettes. Dites-moi, Henri, n'auriez-vous pas tendance à risquer votre vie ?

— Mais pas du tout ! répond Léveillée. Je ne suis pas téméraire : je veux simplement montrer à mon instructeur que mes compétences dépassent celles exigées à ce moment-ci !

— Bien sûr, mais ce n'est pas une raison pour passer vos repas et vos soirées seul, replié sur vous-même.

Henri se renfrogne et marmonne, gêné :

— C'est que, ici, tout se passe en anglais et moi, j'ai beau comprendre cette langue, je la parle très mal…

Le médecin éclate de rire. Il s'avoue incapable de « guérir » son vis-à-vis de ce handicap.

Après plus de deux mois de séjour à l'Elementary Flying Training School, Henri reçoit l'ordre de retourner au Dépôt des effectifs de Québec. Ce séjour, temporaire, le confronte à la rigueur de la discipline militaire : ici, les boutons brillent, les bottines luisent, les soldats marchent au pas et les armes sont astiquées tous les jours. Cette routine, réglée au quart de tour, est ponctuée de séances d'entraînement physique. Mais le plus inquiétant, pour Henri, c'est la possibilité de se retrouver face à face avec ce Sanders, qu'il a impulsivement frappé lors de son premier passage dans l'édifice de Québec. Pourtant, après deux jours à arpenter les corridors et les salles communes du Manning Depot, il ne trouve trace du redoutable adjudant.

C'est à croire que j'ai rêvé cette mésaventure, pense-t-il, en retrouvant avec bonheur les pages de *Vol de nuit*. Henri n'ignore pas qu'asséner un coup de poing à un sous-officier équivaut à une conséquence pouvant aller aussi loin que le renvoi des forces armées.

Malgré tout, le jeune aviateur ressent déjà l'ennui de ne plus voler. Même s'il est anxieux de devoir séjourner trop longtemps dans cette atmosphère, il se réjouit d'être invité à prendre le premier bateau pour une autre école d'aviation. Ce matin-là, il réalise qu'il a égaré son sac avec, dedans, la curieuse boîte de conserve. Il retrouve le sac posé sur une étagère, loin de son lit, à l'autre extrémité du dortoir qu'il occupe. Fébrile, il ramasse le tout et arrive, au pas de course, dans la cour.

Alors qu'il se place en rang, au hasard, il se fait héler.

— *Hey! You! Where are you going?*

— Hein? Moi? Qu'est-ce que j'ai fait, encore?

Un caporal, le calot incliné sur le front, toise Henri. Dieu merci, il ne s'agit pas de Sanders. Au même instant, une main, sortie de nulle part, le tire vers l'arrière.

— Allez, andouille! À l'arrière, avec moi, lui dit une voix claire; on le ballotte comme une poupée de chiffon.

Celui qui vient d'éviter une réprimande à Henri mesure près de deux mètres. Ses cheveux courts, roux, sous son calot, tout comme ses taches de rousseur et ses yeux verts, font naître chez le soldat Léveillée une envie de rire qu'il retient avec peine.

— Place-toi devant moi. Sais-tu où nous allons, au moins?

— Summerset, ou un truc du genre.

— Summerside. Prince-Edward-Island, prononce à l'anglaise le rouquin, qui ne cesse de sourire. Ne te retourne pas, le caporal a vraiment l'air de t'avoir pris pour cible.

— L'Île-du-Prince-Édouard? Mais, c'est loin de l'Angleterre, encore!

— Eh bien, on ne peut pas dire que tu n'es pas pressé ! Attends de recevoir quelques paies avant d'espérer aller te faire mitrailler par les nazis.

Puis, le visage de Henri s'éclaire :

— Summerside ? Cela me revient ! C'est à cet endroit que mon cousin forme des pilotes !

Sur leur chemin, les soldats gardent leur visage impassible mais, pour ceux qui les voient ainsi déambuler au quotidien, il n'est pas difficile de lire dans le fond de leur œil la satisfaction de quitter Québec pour entamer leur véritable entraînement et devenir aviateurs. Henri cherche à tout prix à masquer son enthousiasme ; il ressent différentes émotions. Il craint notamment l'autorité du caporal, en plus d'avoir peur de se retrouver à nouveau devant ce Sanders. Aussi espère-t-il revoir Laurent. Puis apparaît le navire qui les attend. La passerelle fléchit sous les pas empressés des hommes qui s'engouffrent rapidement dans la cale du rafiot affrété pour le transport des troupes.

Quelques civils, sur le quai, sont venus saluer fils, frère ou cousin quittant la Belle Province pour le pays d'*Anne*... *La maison aux pignons verts.*

— D'abord, il faudrait que nous nous présentions, demande le roux. Comment t'appelles-tu ? D'où viens-tu ?

— Je m'appelle Henri Léveillée. Je suis de… de Québec, un peu.

— De Québec un peu ? reprend l'autre en riant. Ah ! Ah ! Elle est bien bonne ! Un peu, comme si tu avais un peu de cheveux de Québec, un peu de sang de Montréal… Peut-être un pied de Chicoutimi et un genou de Sherbrooke, aussi ? Je me présente : Timothée Ward. De Sorel. Au complet. Oui, je sais, j'ai un nom anglais et je parle français. Certains me surnomment l'Irlandais. Mes amis m'appellent Tim. Je te donne le voyage Québec-Summerside pour choisir si tu veux faire partie de mes amis ou des *certains*…

Le navire file à toute vapeur, escorté par deux dragueurs de mines. Timothée parle tellement qu'Henri se demande s'il prend le temps de respirer entre ses blagues, ses commentaires et ses histoires à dormir debout. Après deux heures, Henri sait que ce drôle de rouquin a étudié au Collège militaire de Kingston, puis a appris les rudiments de l'aviation, avant de tout laisser tomber, sur un coup de tête, pour rejoindre sa petite amie.

— Je n'en pouvais plus de ne pas la voir. Elle est si jolie. Et là, ils me font presque tout reprendre à zéro.

Mais tout cela ne semble pas altérer le moral de l'infatigable Ward.

— Si j'étais demeuré sagement à l'école, je serais sous-lieutenant d'aviation. Et toi?

— Moi, si j'étais demeuré à l'école quelques mois de plus, je serais encore à l'école, soupire Henri en cherchant à changer de sujet. Pourquoi sommes-nous escortés, demande-t-il, en pointant le *HMCS Burlington* et le *HMCS Drummondville* qui rôdent toujours, ajustant leur position selon celle que choisit le capitaine de leur embarcation.

— Simple, explique Timothée. Nous sommes en danger.

Henri le regarde en écarquillant les yeux.

— Ah! Ah! Ah! Quelle mine tu fais! D'ailleurs, oui, des mines peuvent se trouver sur notre chemin. Mais ce n'est rien face à la puissance des fantômes de l'abîme.

— Des fantômes? murmure le garçon, hébété.

— Vraiment, Henri, tu es naïf. Je ne parle pas de fantômes comme on en connaît, avec un drap sur la tête. Je parle des redoutables U-Boote allemands, ces sous-marins qui sillonnent les mers du monde entier pour couler les navires alliés.

— Mais ici, nous sommes encore dans le Saint-Laurent.

— L'an dernier, la Royal Navy a été criblée d'obus par les U-Boote. Depuis, on prend la chose très au sérieux. As-tu vu le film *Le 49ᵉ Parallèle*?

— Non…

— Moi non plus. Mais il paraît que…

Ding! Ding! Ding! Une cloche retentit. Henri bondit. Timothée éclate une fois de plus de rire.

— Dis donc, toi! Tu es nerveux. Ce n'est que la cloche du repas.

9

Summerside

L'automne se montre long et ennuyeux pour Henri. À ce moment de l'année, Summerside porte très mal son nom. Le temps est gris et maussade. À l'Île-du-Prince-Édouard, les élèves de l'École de vol numéro 9 rechignent parce que les avions sont cloués au sol, et même si tous s'expriment dans la langue de Shakespeare, le cadet de la Service Flying Training School décode très bien la portée de leurs commentaires. Leur morosité contamine l'humeur d'Henri. Comble de malchance, dès son arrivée, il a appris que Laurent venait d'appareiller pour une base britannique. Peu importe, toutefois, si son cousin est parti sur l'île d'Angleterre, lui, Henri, foule maintenant l'Île-du-Prince-Édouard, et par conséquent, il se trouve désormais bien loin de l'île Calypso.

Et personne ne tentera quoi que ce soit contre une recrue en uniforme. À ce réconfort s'ajoute un nouveau passe-temps : visiter le bureau des secrétaires de la base. L'une d'elles, Salomé, semble l'avoir pris en affection, et Henri est résolu à ce que les sentiments de celle-ci évoluent.

Après son arrivée, une série de malentendus emmènent Henri au bureau de Webster, le commandant d'aviation. Le dossier du jeune homme ouvert devant lui, l'officier dévisage le récalcitrant d'un regard sévère.

— Vous n'avez pas l'âge requis, Léveillée.

— Vous m'avez accepté, répond Henri, le sourire en coin. Il fallait fouiller un peu mieux avant de mettre la signature en bas du dossier.

— Ne soyez pas trop présomptueux, *young man*. Je pourrais vous retourner dans les jupes de votre mère.

— Mais vous ne le ferez pas. Est-ce que je me trompe ?

— Non. Le capitaine Cardinal a été *extremely impressed*, selon les mots de son rapport, par vos *skills*. Je vous épargne tout le bien qu'il a écrit de vous : vous êtes tellement sûr de vous. Cependant, depuis votre arrivée, *you act like a lonesome cowboy.*

— À quoi bon jaser avec les autres pilotes ? Ce que je veux, moi, c'est faire mes preuves au plus vite ! Je meurs d'envie d'en découdre avec les Allemands !

Le commandant le dévisage, puis cherche ses mots :

— *Wait a minute.* Je ne parle pas de votre côté solitaire. Je parle plutôt de votre… Comment dire ? *Enthusiasm* ? Vous prenez d'étranges initiatives avec les appareils d'entraînement. Qui vous a appris à voler ainsi ?

— Mon cousin, le *flight officer* [8] Laurent Léveillée, m'a appris.

— *Well…* Les instructeurs ne peuvent plus vous supporter. Lors de votre dernière sortie, vous avez failli faire un face-à-face avec un autre *airplane.*

---

8 Dans la RCAF, le personnel de vol est d'abord nommé *pilot officer* (sous-lieutenant d'aviation). Ensuite, il peut être promu *flight officer* (lieutenant d'aviation) et, finalement, il peut devenir *flight lieutenant* (capitaine d'aviation).

— Je l'ai évité !

— En effet. Je n'avais jamais vu une recrue faire voler un Harvard à quatre-vingt-dix degrés. Mais nous ne pouvons prendre de risque avec l'équipement.

Après l'avoir rabroué, le commandant d'aviation lui intime de rester tranquille, de pratiquer son anglais avant de reprendre le ciel et, surtout, d'éviter de jouer les fanfarons.

— Sois patient. Attends ton tour et viens prendre un verre, lui conseille Timothée, comme chaque fois qu'il sort de son appareil après un vol au-dessus du golfe du Saint-Laurent.

Heureusement, Salomé est là pour l'aider à parfaire son anglais. La jolie brunette habite en ville, non loin et, chaque jour, comme de nombreux autres résidants, elle vient travailler sur la base. Lors de sa pause, il la rejoint pour siroter une tasse de thé. Elle s'assoit à ses côtés et ils discutent des sujets les plus ennuyants, sachant que des regards indiscrets peuvent à tout moment les surprendre. Récemment, il s'est faufilé à la sortie des bureaux pour l'inviter à une soirée dansante. Elle n'a pas dit non. Elle l'a même remercié de l'attention. Il frémit chaque fois qu'il la revoit, posant ses mains sur ses hanches pour lui donner un discret baiser sur ses lèvres, alors qu'elle est sur la pointe des pieds.

Mais un événement semble vouloir rompre la monotonie de la vie insulaire à Summerside. Le matin, une sortie des avions d'entraînement s'est soldée par la disparition d'un des Harvard. Dans la cafétéria de l'école de vol, toutes les tablées en parlent, malgré les demandes répétées de discrétion à ce sujet.

— Crois-tu qu'il s'agit d'un accident ? demande Henri.

— Je ne sais pas, répond Jerry. On raconte que cet avion est parti sans accompagnateur.

— Il suffit d'une tentative d'atterrissage ratée et paf ! explique Timothée.

— Ou peut-être d'un espion ? lance Henri.

— Le vrai mystère, croit-on, c'est que personne ne manque à l'appel, laisse planer Timothée.

La conversation à peine terminée, Henri se met à la recherche de son calot, porté disparu, alors que tous regagnent hangars ou salles de cours.

Sans doute aux toilettes, pense-t-il, mettant son étourderie sur le dos de cette histoire d'avion disparu qui tient toute l'école en haleine.

Il pousse ses recherches jusqu'au dortoir où, à peine entré, il reçoit un coup net sur sa tête. Il chancelle ; sa vue se trouble. Il s'écroule, assommé.

***

Un cri sec. D'où provient-il ?

La clarté revient dans l'œil brouillé de Henri qui reprend mollement ses esprits. Une douleur lancinante à la tête s'étire jusque dans sa nuque. Il est inconfortable. Le ciel, au-dessus de lui, à travers une vitre, l'éblouit. Que s'est-il passé ?

Il se retrouve assis aux commandes d'un avion immobilisé. Il reconnaît les appareils de pilotage du Harvard. Mais ce cri qu'il a cru entendre ? Il peine à se redresser, et la tête lui tourne. Les poches de sa veste de cuir sont bourrées de paperasse qu'il ne reconnaît pas. Des dossiers, roulés, s'échappent sur le plancher de l'appareil.

Comment s'est-il retrouvé là? Il ne trouve pas le temps de répondre à cette question. Des voix retentissent à l'extérieur :

— Capitaine ! Il y a quelqu'un à bord.

— Messieurs, en joue, mais ne tirez pas.

Tirer? Hé! Mais qu'est-ce que cette histoire? Henri attrape la verrière et l'ouvre du plus vite que son piteux état le lui permet. Autour de l'avion, quatre hommes en uniforme braquent leur arme sur lui. La police militaire. Abasourdi, il lève les mains. On l'empoigne avec rudesse pour le sortir de l'habitacle. Il se laisse faire; ce n'est pas le moment de riposter, de plaisanter ou d'exiger des comptes à propos de cette attitude peu cavalière. À entendre ces hommes, c'est lui qui aura à en rendre, des comptes.

**

— Alors, vous tentez de nous faire croire que vous vous êtes réveillé dans un avion immobilisé en plein champ en banlieue d'Halifax, la veste pleine de documents de vols secrets. Comme par enchantement !

— Je ne dis pas que c'est de l'enchantement ! Je n'y suis pour rien. Je suis sorti de la cafétéria, puis crac ! Un trou noir.

Après tout, Henri n'en sait pas plus. Quelqu'un l'a assommé, l'a emmené dans cet appareil et a bourré ses poches de documents compromettants. Maintenant, il se fait tard. Voilà au moins cent fois qu'on lui répète les mêmes questions et lui, assis sur une chaise inconfortable, une bosse derrière le crâne, n'a eu droit qu'à une serviette remplie de glace, laquelle est depuis longtemps transformée en eau.

— On ne peut pas avaler cela, Léveillée. Un avion n'est pas revenu à l'aéroport ce matin. L'après-midi, nos agents le retrouvent hors de l'île, avec vous dedans.

— Demandez à… Henri hésite. En effet, il n'a aucun témoin. Ce matin-là, son cours d'anglais a été annulé. Il s'est promené d'un hangar à l'autre pour regarder les avions, les outils, puis flâner du côté des bureaux, où les secrétaires qui prennent leur pause ont de jolis yeux et des jupes fort bien ajustées. Il est le parfait suspect.

— À qui ? demande l'enquêteur sur un ton insistant.

Henri répond, frénétique :

— Ce midi! J'ai mangé avec Timothée Ward et un gars qui s'appelle Jerry!

— Vraiment? Connaissent-ils, eux aussi, ceux à qui vous deviez remettre les documents d'espionnage?

— Je n'ai pris aucun papier. Je me tue à vous le répéter!

— Nous allons vérifier votre alibi. Néanmoins, il se peut que vous ayez des complices.

Un agent de la police militaire survient dans la pièce et demande à parler à l'enquêteur. Celui-ci sort, laissant Henri anéanti, assis sur sa chaise. Il est effondré. Les épaules rabattues, regardant le vide, il cherche à comprendre ce qui s'est passé.

Tandis qu'il est perdu entre ciel et terre, l'inspecteur réapparaît. Sa voix ramène Henri à la réalité.

— Votre déclaration a été contrôlée. Selon deux témoins, vous étiez bel et bien à la cafétéria ce midi.

— Vous voyez, donc, que je n'ai pas pu me sauver, ce matin, avec cet appareil!

— Je l'admets. Cependant, rien n'explique qu'on vous ait retrouvé à bord de celui-ci, ni que ces documents soient apparus dans la poche de votre veste.

— Je n'en sais pas plus que vous, riposte le garçon.

— Vous pouvez disposer, Léveillée, dit le policier avant de le rappeler. N'oubliez pas que notre enquête n'est pas terminée.

***

Seule une ampoule éclaire l'entrée du vestiaire où se traîne Henri, les épaules basses et l'humeur lasse. Qui donc a pu comploter contre lui ? Cette question tourne en boucle dans sa tête, alors que l'eau de la douche tente, en vain, de l'apaiser. Il s'habille et retourne à son dortoir, l'esprit encombré. Ses effets personnels ont été fouillés. Il retrouve sa fameuse boîte de conserve qui a roulé sous le lit. Il pousse un soupir. Il n'a pas trouvé meilleur endroit pour cacher le collier, lequel est plongé dans le sirop d'érable. Pourvu que personne n'ait une soudaine envie de sucre.

Il repense à l'étrange docteur Lalanne, à cette île mystérieuse qu'il a quittée en pleine nuit. Il se demande si l'on peut vraiment le suspecter de s'être acoquiné avec ces gredins de nazis. Après tout, la crainte que l'ennemi s'empare de secrets d'État est omniprésente. Les pages des journaux et les murs des villes sont garnis de publicités invitant la population canadienne à la méfiance, à la discrétion, au mutisme. Pas étonnant que tout le monde soit si sensible sur ce sujet ! Silencieusement, le jeune homme s'allonge sur son lit. Sur son matelas, *Vol de nuit* gît paisiblement. Il en dépasse une feuille grossièrement pliée. Griffonnés dessus, quelques mots ambigus :

À minuit, soyez derrière le hangar 3.
Des informations importantes vous seront
transmises. Mais, surtout, venez seul !

Henri est stupéfait. Il est prêt à jurer que ce message n'est pas étranger aux événements de la journée. Quelqu'un le prend-il vraiment pour un espion ? Se pourrait-il qu'un bon Samaritain veuille lui révéler l'identité de son assaillant ? Il serre les poings. Il sait qu'il devrait remettre cette note aux enquêteurs militaires, mais le croiront-ils ? Ils l'ont manifestement pris pour cible ; et puis, Henri n'a pas confiance en eux. Il n'a pas le choix, il doit vérifier lui-même de quoi il s'agit. S'il a pu se glisser dans le Château Frontenac sans être vu et infiltrer l'aviation du Canada malgré son jeune âge, il peut certainement se rendre derrière un bâtiment sans se faire remarquer. Il sera prudent, voilà tout.

À minuit, habillé et chaussé, les mains profondément enfouies dans les poches de son manteau, Henri s'approche du hangar, prêt à confronter l'auteur du message. Il fait froid. Une fine pellicule de neige blanchit les pistes et les pelouses. L'éclairage est restreint au strict nécessaire, mais la lune qui se reflète sur le sol immaculé éblouit la nuit grise. Il faut être prudent : des patrouilles arpentent jour et nuit l'aéroport. Après cette journée surréaliste, sa présence hors des murs du baraquement des élèves passerait pour suspecte. Il faut se montrer discret. Il court à toutes jambes d'un hangar à l'autre, puis parvient finalement à l'endroit du mystérieux rendez-vous.

Personne.

Attendre. Au froid. À l'ombre. Se fondre au mur. À l'angle de celui-ci, il s'incline et regarde : aucune patrouille en vue. Peut-être est-elle…

Un éclat de lumière !

Une torche allumée braquée en plein dans les yeux, Henri recule et trébuche sur le pied de quelqu'un. Il tombe au sol. La vue rendue floue par les flashs de la lampe, il regarde autour de lui : des agents de la police militaire. Sans perdre de temps, ils le soulèvent, le fouillent et lui lient les mains. Le froid métal des menottes mord ses poignets. Il entend :

— Les informations étaient exactes. Nous avons retrouvé sur lui une lettre l'invitant à se présenter ici.

— C'est ce qu'on appelle se faire prendre la main dans le sac.

— Hé ! Mais c'est un coup monté, proteste le prisonnier.

— S'il fallait retirer les menottes à tous ceux qui nous ont servi la théorie du complot, nous pourrions faire tout un village avec les espions, répond l'inspecteur en tirant vigoureusement Henri.

***

« Qui alliez-vous rencontrer ce soir ? »

« Pour qui travaillez-vous ? »

« Qui vous a fourni les documents que vous portiez lorsqu'on vous a trouvé dans l'avion ? »

« Qui vous a aidé à fuir en avion jusqu'à Halifax ? »

« À qui deviez-vous remettre les documents ? »

Une éprouvante nuit d'interrogatoire finit d'épuiser Henri. Étourdi, clamant sans cesse son innocence, il proteste et exige en vain qu'un avocat vienne lui dicter ses droits. Mais en temps de guerre, on fait peu de cas de ce genre de formalités.

À la fin, lassés de n'avoir aucune réponse, les représentants de la police militaire le reconduisent à une cellule, lui promettant de reprendre la « conversation » lorsqu'il se sera décidé à délier sa langue.

Henri s'endort, mais d'un sommeil agité, dans lequel résonne l'écho sourd de la porte de son cachot claquant sur le cadre d'acier. L'aventure tourne au cauchemar. En cette époque trouble, quiconque accumule contre lui des preuves suffisamment éloquentes d'espionnage risque le peloton d'exécution. Pas de pitié pour les traîtres. Dans son rêve, des canons sont pointés vers lui. Il se réveille en nage, tremblant de tout son corps. Incapable de retrouver le sommeil, il tourne frénétiquement dans son réduit, rageant contre ceux qui l'ont jeté dans ce pétrin. Qui sont-ils, ces bandits? Pourquoi s'attaquer à lui, d'ailleurs? Lui revient alors en mémoire le docteur Lalanne. Il n'ose pas en parler, par peur de se voir obligé de révéler qu'il est le voleur du collier. Si l'histoire venait à s'ébruiter, il serait expulsé de l'armée.

Les cent pas viennent à bout de ses forces, de sa résistance et de sa colère. Lorsque les premiers rayons de soleil strient le ciel des Maritimes, le jeune prisonnier ronfle enfin. C'est à cet instant qu'on lui apporte un bol de gruau infect et une tasse de café tiède qu'il avale du bout des lèvres.

— Presse-toi. On t'attend pour un nouvel interrogatoire.

Encore? Le dédale des corridors le ramène une fois de plus dans la salle d'interrogatoire de la veille. Un inspecteur, assis dans un coin, l'observe. On l'assoit sur une petite chaise devant la même table de bois tachée d'encre. Un autre enquêteur y prend place, dévisageant Henri d'un œil sévère. On ne lui a encore rien demandé que, déjà, il montre des signes d'épuisement.

— Parlez-moi d'Émile Cardinal, demande en anglais le policier, laconique.

Sans chercher à comprendre, Henri relate leur rencontre, ses conseils, ses mises en garde. Il ajoute qu'il croit que ses recommandations se sont révélées très complaisantes.

— On dirait que toutes les portes m'ont été ouvertes toutes seules. Croyez-vous qu'il y soit pour quelque chose? déclare Henri

— C'est moi qui pose les questions, Léveillée.

On lui demande encore s'il est entré en contact avec des employés du secrétariat de la base de Summerside.

— Les secrétaires, répond-il avec réticence.

— Pourriez-vous être plus précis?

Henri hésite. Il pense à Salomé. Il s'inquiète du sort qui peut lui être réservé si on la suspecte d'avoir tenté de faire sortir des documents secrets hors de la base. *Ne rien dire. Surtout, éviter de répondre, demeurer vague*, pense-t-il.

— Écoutez, Léveillée. Soit vous parlez, soit nous faisons parler d'autres personnes pour vous. Et vous n'avez aucun contrôle sur ce qu'ils divulgueront. Dois-je être plus clair ?

— Je fréquente une jeune femme. Salomé Wright. Nous devons aller danser vendredi. Enfin, je crois, laisse tomber Henri en regardant le plancher.

— Salomé Wright ? Ce nom vous dit-il quelque chose, Foster ? demande l'enquêteur à son collègue.

— Nous avons déjà procédé à une enquête. Elle a effectivement été vue en compagnie de ce jeune homme. Vingt et un ans. Originaire de l'île. Ancienne secrétaire du colonel Swanson. Dossier impeccable.

— Vingt et un ans ! Fiou ! C'est un sacré charmeur, notre petit Henri ! siffle l'enquêteur, sans détacher ses yeux de son prisonnier qui réprime un sourire fier. Hé ! Casanova, je vous suggère de garder votre effronterie pour vous ! ajoute-t-il aussitôt. Parlez-nous maintenant de vos amis… Timothée Ward, par exemple.

Henri sursaute. Soupçonner Tim de trahison est inimaginable.

— Je veux voir le commandant d'aviation, déclare-t-il.

— Entendez-vous cela? Il réclame un officier comme on demande à parler à son avocat! s'exclame Foster, demeuré en retrait.

— Foster, allez réquisitionner le dossier de ce Ward, je vous prie.

— Tout de suite, dit l'homme en sortant de la pièce.

— Bien. Maintenant que nous sommes seuls, nous allons discuter un peu, juste nous deux, dit alors l'enquêteur qui a changé subitement de ton, en s'assoyant sur la chaise qui fait face à Henri.

Il poursuit :

— Le capitaine Cardinal jouit d'une excellente réputation dans l'Aviation royale canadienne. Depuis 1939, il a effectué trois voyages entre le Canada et l'Angleterre. Des informations nous sont parvenues, spécifiant qu'il aurait fait transiter des documents secrets sur l'armement allié à des partisans hitlériens. Nous avons enquêté, mais aucune de nos pistes n'a donné de résultat.

Émile, un espion nazi! Cette information fouette Henri en plein visage. Il s'en doutait, lorsqu'ils se trouvaient tous deux au lac Nairne.

Il aurait dû conserver ses soupçons un peu plus longtemps. Serait-ce donc vrai? Les nazis seraient-ils bel et bien derrière toute cette histoire?

— Cardinal aurait été mis au courant de l'enquête sur son compte. On nous laisse entendre que, pour éviter de se brûler, il a l'intention de faire passer les informations par quelqu'un d'autre.

— Je ne peux pas y croire, prononce Henri, mi-figue mi-raisin.

— On ne vous y oblige pas, non plus. Par contre, vous avez l'obligation de rester sur vos gardes. Admettons que je vous accorde le bénéfice du doute. Vous vous imaginez bien que nous continuerons tout de même à vous suivre.

— En effet, soupire Henri.

— Je m'attends à ce que vous me fassiez part de toute information permettant de clarifier la situation du capitaine Cardinal. En attendant, vous n'avez plus rien à faire ici. Retournez à votre poste, s'empresse d'ajouter l'enquêteur, sans attendre le retour de son coéquipier.

10

Noël à Sorel

Décembre 1941

— *By the way, how is your english?* demande Timothée, qu'une heure d'entraînement au vol n'a pu décharger de son énergie légendaire.

Les deux amis s'assoient dans un petit salon aménagé pour les élèves de l'école de pilotage. Le grand roux boit tranquillement sa bière, tandis que Henri s'en tient au Coca-Cola ou à la racinette.

— Le savais-tu ? Demain, nous allons bombarder un immense porte-avions allemand !

— Quoi ? pousse Henri en sursautant.

— Mais non, voyons ! Je te fais marcher. Alors, es-tu encore surveillé par la meute des chiens de garde de la police militaire ?

— Sans doute. Émile est à Londres. Il m'a envoyé une lettre… Elle a été ouverte. Ils surveillent donc mon courrier.

— Lui as-tu répondu? demande Timothée, qui est au courant de l'histoire taraudant l'esprit de son ami.

— Penses-tu! Non! Ils croiraient que nous nous parlons par codes. En français, en plus! Tout pour m'accuser de collaborer avec l'ennemi.

— Si, toutefois, cette histoire d'espionnage est vraie…

Henri dévisage son ami, qui a rangé, pour une rare fois dans la journée, son sourire espiègle.

— Comment croire le contraire? Il y a bien eu une enquête de la RCMP [9]…

— Je te l'accorde. Mais a-t-on des preuves que ce capitaine Cardinal est un espion? Non. Il n'a pas été mis aux fers, et n'a pas été démis de ses fonctions. En plus, il profite, dans l'armée,

---

9 Royal Canadian Military Police. La police militaire est chargée d'appliquer les lois dans l'armée. Elle peut aussi être responsable de la sécurité des installations et de la garde de prisonniers. Elle enquête également sur les délits commis sur une base militaire, par exemple.

d'une influence immense : le commandant d'aviation a suivi ses recommandations à la lettre, et cela t'a permis d'accéder à l'école d'aviation malgré ton âge. J'imagine mal un officier aussi influent à la solde de Hitler.

— De toute façon, le mal est fait. Salomé ne m'a plus reparlé. Pas de danse ce soir. Je reste ici à écouter des disques.

— Voyons ! Une de perdue…

— Oh ! Ne dis pas cela !

— Pourtant, avec les filles, tu n'es pas le plus timide de tous les gars de la base. Dis-moi, que connais-tu d'elle ?

Henri ne relève pas le ton suspicieux avec lequel son ami vient de poser sa dernière question.

— Elle vit en ville chez ses parents, près d'ici. Ses frères sont tous enrôlés. L'un est dans la marine, l'autre dans l'aviation. Elle a de belles chevilles, ses lèvres goûtent la menthe et j'ai vu par sa chemise entrouverte…

— S'il te plaît, pas de détails… N'oublie pas que j'ai une petite amie à Sorel, moi. Tiens, regarde : j'ai été me faire tirer le portrait pour elle.

Tout fier, Timothée présente une photo noir et blanc à son ami. Il y pose en uniforme ; son sourire délirant rend impossible toute tentative de garder son sérieux devant le portrait.

— N'oublie pas de le signer, marmonne Henri, penaud.

— Bonne idée ! Au fait, savais-tu que ta Salomé a été secrétaire du major Swanson ?

— Je crois avoir entendu ce nom-là, pendant que j'étais détenu.

— Le major Swanson a été transféré de la base de Summerside vers la Colombie-Britannique.

— Quel rapport ? demande Henri, impatient.

— Je l'ignore…

— Alors, ce n'est pas la peine, répond-il, en se renfrognant. En attendant, je me retrouve ici pour les fêtes, les bras croisés, surveillé par la police militaire qui croit que je m'apprête à faire rentrer Hitler en Amérique par le fleuve Saint-Laurent. Ah ! Mon père rirait bien de moi si…

— Laisse ton père de côté, veux-tu ? Donc, tu ne retournes pas au Québec pour les fêtes ?

— Hors de question. Je vais demeurer seul ici, avec une douzaine d'aéroplanes qui sommeillent dans leur dortoir ; et moi, je roupillerai dans le mien.

— Alors, joins-toi à nous ! J'ai une permission inespérée.

— Eh bien, pas moi. Quelques jours tout au plus.

— Je vais t'arranger cela.

Henri dévisage son ami d'un air incrédule et interrogateur.

— J'ai gardé quelques contacts de mon passage à Kingston, explique Tim avec le sourire, nos officiers ne pourront pas me refuser cela.

— Tu crois ? Les circonstances ont changé depuis…

— Fais-moi confiance, parole d'Irlandais, tu ne passeras pas Noël ici.

— Mais… je ne connais pas ta famille !

— Cela ne tardera pas ; j'ai trois sœurs. Aimes-tu les rousses ?

***

Le vingt-quatre décembre au soir, les garçons débarquent d'un croiseur faisant escale au port de Sorel. Dans cette ville, l'effervescence n'est pas produite que par la frénésie de Noël : l'industrie maritime tourne à plein régime. À quai, un petit navire militaire attend d'appareiller. Tim, dont le père est ingénieur à la Marine Industries, explique :

— C'est le *HMCS Calgary*. On baptise ces bateaux en l'honneur des villes canadiennes et, en échange, ces villes ramassent de l'argent pour financer des équipements qui améliorent la qualité de vie des marins. Une dizaine de ces corvettes ont été fabriquées ici depuis un an. Il n'y a pas à dire : l'industrie de guerre fait oublier la crise économique.

C'est bel et bien ce que constatent les deux jeunes aviateurs lorsqu'ils voient arriver la rutilante Studebaker neuve de monsieur Ward. Rougeaud, d'une bonne humeur allant de pair avec celle de son fils, papa Ward, comme l'appelle Tim en riant, les invite à monter à bord.

— Nous aurions pu marcher, papa Ward ! L'essence est rationnée, tu le sais bien.

— Rationnée, mais pas interdite. Et il est hors de question que les deux meilleurs aviateurs de la Royal Canadian Air Force attrapent un rhume en cette veille de Noël !

La voiture roule dans les rues enneigées de Sorel. Monsieur Ward enchaîne les questions avant même que Tim ne puisse répondre :

— Et puis, combien êtes-vous à vous exercer à mitrailler les Boches ? Avez-vous vu des navires allemands dans les eaux canadiennes ? Avec quel avion volez-vous ?

— Si tu voyais l'aéroport, là-bas ! On peut dire que le Plan d'entraînement du Commonwealth est un succès. Nous sommes actuellement…

— Tim, tais-toi ! Tu sais que tout ce qui se passe à Summerside doit demeurer secret.

— Mais, c'est mon père !

— Oui, mais les murs ont des oreilles. Cela commence par des nouvelles qu'on donne à son papa, puis cela se termine avec des confidences indiscrètes à de lointains cousins, un verre dans le nez.

— Pardonne à petit Henri, papa. Il a développé une allergie à l'information depuis quelques semaines.

— Au fait, demande soudain le garçon à Tim en baissant un peu la voix. Comment les as-tu convaincus de me laisser venir avec toi ?

L'Irlandais regarde son jeune ami avec un sourire en coin.

— Je me suis proposé comme *baby-sitter*, lance-t-il simplement.

Avant que le jeune homme ait le temps de répondre, la voiture s'arrête devant la maison des Ward et tous se dépêchent d'y pénétrer. Lorsqu'il se retrouve face aux sœurs de Tim, Henri est le premier à ne plus avoir envie de parler de Summerside, d'espions, de cours d'anglais et de l'armement des petits Harvard jaunes.

— Je devrais te faire rencontrer Aglaé qui a l'âge que tu as inscrit sur tes papiers officiels, mais je crois que tu t'entendras mieux avec Jane. Jane ! Voici Henri Léveillée. Le pire aviateur de tout le Commonwealth. Dieu merci, il ne fume pas, il ne boit pas et n'a qu'un seul défaut : il ment comme il respire.

Les yeux noirs de Henri rencontrent le vert de ceux de Jane. Le sourire de la jolie jeune fille, amusée devant cette présentation moqueuse et le salut empesé du jeune homme, désarme totalement ce dernier. Le paletot de Léveillée et son calot rejoignent les manteaux de la parenté. À minuit, tous se retrouvent à l'église Saint-Pierre. De connivence, Timothée prend l'initiative d'asseoir Jane et Henri côte à côte. Puis, le réveillon s'étire dans la maison qui embaume la dinde rôtie, le café chaud et les oranges qu'épluchent les jeunes en fin de soirée. Toute cette odeur se mêle à celle des gros cigares de monsieur Ward, qui somnole dans son fauteuil. L'ambiance chaleureuse tranche avec celle à laquelle s'est habitué Henri dans sa famille.

Le lendemain, jour de Noël, les discussions ne tournent qu'autour de l'actualité internationale : l'entrée en scène des Américains, qui ont déclaré la guerre au Japon et à l'Allemagne, le huit décembre, ne laisse personne indifférent [10]. Certains croient que l'arrivée de l'armée étatsunienne dans le conflit sonnera le glas de l'Allemagne hitlérienne. Pour d'autres, c'est la

---

10 Le sept décembre 1941, l'armée japonaise attaque la base américaine de Pearl Harbor, dans le Pacifique, faisant près de deux mille cinq cents victimes chez les Américains. C'est cet événement qui poussera le gouvernement des États-Unis à entrer en guerre contre le Japon et contre l'Allemagne.

peur de voir le continent américain s'embraser qui les préoccupe. Ils ont peur que l'Amérique subisse le même sort que Londres et soit bombardée.

— Ne t'en fais pas : le Canada sera épargné, dit l'un des invités sur un ton rassurant.

— Je n'en suis pas si sûr. Le fleuve est la meilleure porte d'entrée pour une invasion nazie ; n'oublie pas qu'ils ont des sous-marins, déclare l'autre.

— Et Sorel est une plaque tournante de la fabrication de navires. Il pourrait y avoir du sabotage.

Bientôt, on apprend que les îles françaises Saint-Pierre-et-Miquelon, à quelques kilomètres du Canada, viennent de passer sous le gouvernement de la France libre.

— Vous vous rendez compte de ce que cela signifie ? Un tel territoire peut faire l'objet de rudes batailles ; c'est un excellent endroit pour que Hitler y poste une base secrète. Il voudra reprendre le contrôle de l'archipel.

— Mon Dieu ! déclare madame Ward, inquiète. Je ne serai tranquille que lorsque mon fils aura été démobilisé.

Le lendemain après-midi, la sonnerie du gros téléphone noir retentit. Un appel pour Timothée. Lorsqu'il raccroche, il se montre préoccupé. L'objet de son tourment s'appelle Ruby McIver. Il a déjà parlé à Henri de cette Ruby : ils se connaissent depuis toujours et s'aiment depuis plus d'un an. Le père de Ruby ne veut pas que sa fille se montre avec Tim lors des événements familiaux s'ils ne sont pas fiancés.

— Il ne me donne pas d'autre choix.

— Tu ne vas quand même pas laisser Ruby pour cela !

— Jamais de la vie ! Elle s'appelle Ruby, et même si je ne peux pas lui offrir de rubis, je ne repartirai pas à Summerside sans la laisser avec un anneau d'or au doigt. D'ici la fin de l'année, nous serons fiancés.

Jane entraîne Henri à l'écart et lui empoigne les mains.

— Mon frère prend vraiment les choses à la légère. On dirait que la guerre, ce n'est rien pour lui. Crois-tu que vous irez en Angleterre ?

— Sans doute. La France est envahie. La Belgique aussi. En fait, toute l'Europe est sous la botte d'Hitler ou de ses amis italiens et espagnols. La bataille sera rude. Heureusement, nous avons maintenant l'aide des Américains. Et Hitler a été assez idiot pour tenter d'envahir l'URSS. Il se prend pour Napoléon et, crois-moi, il vivra son Waterloo lui aussi.

— Peu importe, je ne suis pas rassurée. Promets-moi de nous donner l'heure juste si jamais les lettres de Tim sont trop confiantes.

— Je ferai mon possible, mais notre courrier sera censuré : aucune information stratégique ne doit sortir des bases militaires. Je risque de te parler du paysage et de la température.

— Toi aussi, donne-moi de tes nouvelles, demande-t-elle encore, en posant ses lèvres sur celles de Henri, surpris par l'initiative de Jane.

Timothée, qui avait promis de ne pas quitter son invité des yeux, s'éclipse le surlendemain de Noël, ainsi que les jours suivants. Le trente et un décembre, nerveux, il replace sa cravate avec fébrilité, ajustant sans cesse son calot bleu, vérifiant toutes les deux minutes que l'alliance se trouve bien dans son boîtier.

— Tu l'as vue toute la semaine ! Vous êtes

allés au cinéma, vous vous êtes promenés, puis tu l'as emmenée au restaurant. Je ne crois pas qu'elle aura honte de toi parce qu'il y a une poussière sur l'épaule de ton uniforme.

— Ce n'est pas pour elle que je me fais si beau. C'est pour que sa mère ne me mette pas à la porte.

— Au contraire, elle sera ravie que tu lui demandes la main de sa fille dans l'uniforme de l'Aviation royale canadienne.

C'est un temps de réjouissances qui semble irréel, pense Henri, dans la vitrine du salon, en regardant s'éloigner d'un pas léger la silhouette de Timothée. Depuis une semaine, Léveillée est accueilli de bon gré et avec amour sous le toit d'une famille qu'il connaît à peine. Tandis que le monde se déchire et croule sous les bombes et le pas des soldats, on lui ouvre grand les bras, à lui qui porte cet uniforme cintré qui le rend si beau, si fier et si viril. Aujourd'hui, il traverse sa dix-septième année sans que personne le sache. Officiellement, il a dix-neuf ans. Il se dévisage dans le miroir trônant au-dessus de la grande cheminée de la maison de Ward. Son visage est pâle. Ses yeux, tristes. Cet uniforme, que tout le monde admire, il ne le doit qu'à la violence de la guerre. Pourquoi lui sourit-on lorsqu'il apparaît dans cet habit? N'est-ce pas celui d'un condamné? Aller au front, c'est s'exposer au feu de l'ennemi. À de petites abeilles de cuivre qui transpercent la chair et la vident de la vie qu'elle contient.

— Tu es merveilleux, dans ton costume, Henri. C'est gentil de le porter pour la soirée.

— Merci, madame Ward, répond-il en rougissant, passant maladroitement sa main dans ses cheveux lustrés.

— Quelque chose ne va pas? Tu as l'air soucieux!

La mère de Timothée ressemble à son fils. Et à Jane. Henri lui sourit poliment, secoue la tête, et grimpe à l'étage. Tim a raison: il ment sans arrêt.

11

Dilemme amoureux

Janvier 1942

Timothée et Henri quittent Sorel au lendemain du jour de l'An. L'alliance brillante à son
annulaire, le nouveau fiancé ne cesse de raconter sa soirée chez les McIver à son ami, à ses
sœurs, à son père, venus leur dire un dernier
adieu sur le quai de la gare. Les deux soldats
empruntent le *Maritime Express* qui les
conduira jusqu'à destination. À bord du train,
ils ne s'étonnent plus de voir les jeunes femmes
leur sourire, les personnes âgées les saluer
avec déférence et les hommes leur adresser, du
bout des doigts, le fameux *V* de la victoire.

Dès leur retour, la routine reprend sur les
pistes de Summerside. On le sait, on le sent :
l'heure du départ vers le front approche.
Plusieurs évitent d'ouvrir les journaux.

L'enthousiasme qu'avait suscité l'entrée en guerre des États-Unis se transforme en déception et en inquiétude. Au large de la côte est, les navires américains sont la proie des sous-marins allemands qui les torpillent comme autant de cibles sans protection. Des milliers de litres de pétrole déversés engluent les eaux, tandis que des navires en perdition coulent à pic. Qui aurait pu croire que la marine américaine ferait piètre figure, comparée à celle du Canada ? À Summerside, on s'inquiète de l'approche des U-Boote des eaux américaines. S'ils venaient à sillonner celles du Canada ? La menace rôderait en permanence autour de l'Île-du-Prince-Édouard. Les élèves ont pourtant d'autres soucis : à la théorie a succédé des entraînements intensifs et des exercices de tir au sol.

Pour Henri, il s'agit d'une occasion de s'entraîner au vol en formation. À quelques reprises, il défie la routine en se livrant à des acrobaties vite désapprouvées par son instructeur de vol.

— *You are crazy, Léveillée! Don't do that again!* proteste le moniteur, assis à l'arrière, surpris par l'agilité de Henri lorsqu'il décroche de la formation pour raser l'eau ou les côtes de l'île. Il répond parfois, avec le plus grand sérieux du monde, qu'il recherche des sous-marins allemands. Son compagnon de vol en reste chaque fois bouche bée.

Mais malgré cette apparente désinvolture, Henri demeure soucieux. Soucieux de la présence de la police militaire qui continue, discrètement, à le surveiller. Soucieux, aussi, des lettres que lui envoie Jane. Chacune d'elles enveloppe son cœur de confusion : elle lui révèle peu à peu son attachement. Or, Salomé, cette secrétaire qu'il a connue durant l'automne, rôde toujours dans les parages. Et elle lui fait toujours autant d'effet.

Chaque lettre de Jane évince Salomé de ses pensées. Mais voilà qu'il surprend cette dernière, venue discrètement dans les quartiers des élèves ; elle veut s'excuser de lui avoir fait faux bond avant Noël. D'un regard sans équivoque, les mains dans le dos, un pied relevé, elle le prie de l'accompagner à la prochaine danse. Il n'est pas indifférent au jeu qu'elle joue en s'approchant de lui pour agripper sa cravate. *Ce serait si facile*, pense-t-il, en la regardant se pâmer devant lui. Il ne serait pas le premier. Et qui le saurait ? Mais il a des remords : à l'instant où elle s'appuie contre lui pour l'embrasser, elle presse ses mains sur sa poche arrière, juste là où il vient de glisser la dernière lettre de Jane.

Le contact charnel lui fait reprendre ses esprits ; pourquoi risquerait-il sa place, déjà précaire, dans l'armée de l'air, en se faisant prendre les culottes à terre avec une employée de bureau ? Le problème, c'est qu'à dix-sept ans, avec le désir dans la peau, le corps de Salomé l'émoustille. Il se détache d'elle avec politesse. Il se sent ridicule et cherche à retrouver son sang-froid en fuyant le regard assuré et un brin malicieux de la jeune femme. Elle n'a rien perdu de sa contenance et lui qui, par le passé, la dévisageait avec convoitise, se sent tout honteux. Elle lui donne rendez-vous au secrétariat à la fin de la journée de travail. Il accepte pendant que dans son esprit luttent désir, remords, fierté et embarras.

À dix-sept heures, il fait irruption dans un bureau vide. Une tasse de thé fume près de la machine à écrire. À sa gauche, des classeurs ouverts. Il a soudain un doute. Il repense aux accusations qu'on a portées contre lui à l'automne. Comme ce serait pratique qu'on le surprenne seul, après les heures de bureau, dans un local bien garni en dossiers confidentiels ! Son cœur s'emballe. Il recule, repousse la porte, regarde autour de lui. Personne ne l'a vu. Il quitte les lieux avec empressement. Et si on avait voulu lui tendre un piège ?

Il se convainc de confier à Timothée ses doutes au sujet de Salomé. Quotidiennement, après le souper, les deux aviateurs se retrouvent pour cirer leurs bottes en chantant des chansons françaises dont ils s'efforcent de travestir les paroles. Mais ce soir-là, malgré l'insistance de son ami, Henri n'entend pas à rire lorsqu'il expose ses craintes, que Tim tourne au ridicule :

— Ah ! Ah ! Ah ! Paranoïaque !

— Moins fort, Tim ! Je n'ai pas envie que tout le monde sache ici que la police militaire me surveille.

— Tu veux que je te dise ? Tout le monde te surveille, ici. Les instructeurs qui ont peur de tes initiatives en plein vol, les autres élèves qui admirent ta maîtrise des appareils et les secrétaires qui te lorgnent les fesses dans ton uniforme. Tout le monde. Sauf les agents de la police militaire que tu vois dans ta tasse de thé.

Henri voudrait partager l'enthousiasme de son camarade, mais de plus graves soucis le guettent. Comme ces agents en civil. Sans aucun doute. Pour éviter de les voir, il décide de ne plus sortir de la base. De toute façon, l'apprentissage de la lecture des cartes et du maniement de l'armement occupe tout son temps. Il ne tient plus au sol, où tout l'ennuie. Son seul plaisir, désormais, consiste à traquer dans les airs des ennemis inventés qu'il abat en les criblant de balles imaginaires. Et, lorsque les avions sont armés de mitrailleuses, les entraînements de tir sur des cibles deviennent un jeu d'enfant pour le jeune pilote.

Pour ses instructeurs, il est clair que l'élève Henri Léveillée est fin prêt à faire face à l'adversité. Certains appréhendent cependant sa fougue, son impatience et sa combativité ; plus d'un ont perdu leur sang-froid lorsqu'ils se sont retrouvés face au tir surprenant et meurtrier des habiles Messerschmitt allemands qui apparaissent, à six cents kilomètres à l'heure, à plusieurs centaines de mètres au-dessus de la Manche.

***

Les jours passent entre ciel et terre. Qu'il neige, qu'il vente, qu'il pleuve, les appareils s'élèvent dans l'air froid et piquant des Maritimes. Il faut être prudent ; chaque année, l'école voit certains de ses élèves mourir, victimes d'une fausse manœuvre. Après plusieurs mois, quelques-uns ont fait leurs bagages et quitté la caserne, parce qu'ils ne détenaient pas les compétences requises. Être pilote de chasse exige une dextérité et une acuité hors du commun. La vivacité d'esprit et la rapidité à réagir dans l'adversité constituent des qualités nécessaires si l'on désire un jour porter fièrement ses ailes de pilote de l'Aviation royale canadienne. Celui que Timothée appelle avec amusement « petit Henri » s'en tire très bien. Un peu trop, d'ailleurs.

— Tiens ? Tu ne voles pas aujourd'hui ? lui demande Timothée. Que fais-tu assis sur ton lit, alors que tout le monde s'entraîne ?

— J'ai effectué un vol en solitaire hier.

— Ah ?

— Sur l'un des nouveaux Mustang P-51. On m'a même enseigné le tir. De vraies bêtes sauvages, ces bolides.

— Chanceux ! répond Tim, jaloux à l'idée que son ami puisse voler sur un tel chasseur. Et tu as reçu un congé ?

— Congé forcé, oui.

— On t'a envoyé en corvée de patates ? Il y en a tellement sur cette île que tu y resteras jusqu'à la fin de la guerre... en 1980 !

— Tu n'es pas drôle. J'ai voulu voir à quelle vitesse cette monture pouvait descendre en piqué.

— Bah ! Tu n'es sans doute pas le seul...

— En effet, mais je suis le seul à avoir étêté un sapin en Nouvelle-Écosse en remontant à la verticale.

— Ce que tu peux être idiot ! Sais-tu combien vaut chacun de ces appareils ?

— Au moins le prix d'une solide bosse dans l'aile droite. Et je suis privé de sortie pour le mois. Je parie que la guerre finira avant. Et je n'aurai même pas pu descendre d'avions allemands.

Henri se laisse tomber sur son lit.

— Je crois que ton vœu sera exaucé, petit Henri. Nous partons après-demain pour les vieux pays ! Mais ne fais pas courir la nouvelle trop vite ; nous l'apprendrons officiellement avant le briefing de cet après-midi.

Henri, le regard figé, encaisse la nouvelle de son ami, toujours au fait des potins qui circulent sur la base. Lui qui attendait depuis si longtemps l'appel du front, il ne peut pas croire que le moment est enfin arrivé. À un bien mauvais moment, cependant. En effet, il vient de recevoir une nouvelle lettre de Jane. Depuis deux mois, il pense souvent à elle, et ils ressentent les mêmes sentiments l'un pour l'autre ; les mots empruntés par Jane dans cette dernière missive, plus personnels, plus passionnés, témoignent de son inclination. Et chaque fois que Tim le regarde de ses yeux qui ne cessent jamais de rire, c'est elle qu'il voit apparaître. Renaît alors sur ses lèvres la saveur des quelques baisers qu'ils se sont échangés, à l'improviste, dans la maison des Ward.

— Au fait, petit Henri, as-tu des nouvelles de ma sœur ?

— Non, non. Pourquoi en aurais-je ? répond-il, en pressant sur son cœur cette dernière lettre qu'il a cachée sous sa chemise entrouverte.

PARTIE 2

LA GUERRE

12

Les loups gris

Halifax – Février 1942

En ce matin de février, dans le port d'Halifax, le temps est gris. À la pluie froide se mêlent des flocons mouillant le calot des centaines de soldats canadiens qui se pressent sur le quai. Dès qu'une section est appelée, on se presse sur les passerelles du *M.V. Britannic*. Le navire, avec ses puissants moteurs diesel et ses deux cent dix-sept mètres de coque, sillonne l'Atlantique depuis plus de dix ans. Ses deux grandes cheminées jaune et noir semblent faire partie intégrante des décors portuaires de Liverpool, de New York et de Boston. Avec ses lignes élancées et son ameublement art déco, il fait la fierté de la Cunard White Star Line. La guerre a cependant obligé l'armateur à remettre son transatlantique aux mains de la Marine Royale pour le convertir en transporteur de troupes.

De toute façon, depuis que les eaux sont envahies par les sous-marins allemands, aucun voyageur n'ose plus s'aventurer sur la mer.

— Dis donc, Tim, White Star Line, cela ne te rappelle pas l'histoire du Titanic ? demande soudainement Henri, inquiet, en pointant le pavillon du paquebot.

— Nous avons plus à nous inquiéter des torpilles que des icebergs, si tu veux mon avis.

Les soldats en partance pour l'Angleterre ont beau se retrouver dans l'un des plus splendides transatlantiques existants, le confort a cédé sa place aux impératifs du transport de troupes. La cabine où Henri Léveillée se retrouve est certes une cabine de première classe, mais tout le mobilier a été remplacé par une douzaine de couchettes. Les plus plaintifs se font dire que grâce aux puissants moteurs du *Britannic*, le voyage ne durera que sept jours. Huit, tout au plus. Une seule semaine à s'endurer, cordés comme des sardines ; c'est une mince consolation.

Les conditions météorologiques ne leur sourient pas pour cette première nuit en mer. Les vagues s'élèvent et, malgré sa taille, le *Britannic* devient le jouet de Neptune sur l'océan déchaîné. Autour de lui, deux corvettes, le *Shediac* et l'*Oakville*, sont accompagnées par un troisième navire militaire, un vieux contre-torpilleur de classe A : le *HMCS Sainte-Croix*. Ce dernier tangue et roule, ballotté comme une ridicule coquille de noix. Mais son équipage demeure aux aguets ; sous l'eau, les vaisseaux fantômes d'Hitler sont à l'abri de la mer en furie et la tempête est l'occasion idéale pour envoyer par le fond le *Britannic* et toute sa précieuse cargaison de jeunes soldats fraîchement entraînés [11].

À bord, toutefois, les militaires ne sont guère en état de livrer combat ; la seule bataille qu'ils mènent tous, c'est contre le mal de mer. Henri, confiné dans une cabine avec onze aviateurs torontois, partage sa nausée avec un autre mal : le mal du pays. Tous ne conversent qu'en anglais, ne rient qu'en anglais et, ce soir-là, ne se lamentent qu'en anglais. Sans gêne, le malheureux répète :

---

11 Hitler tentait de détruire tous les convois de matériel, de nourriture et de soldats qui auraient pu aider les Britanniques. Ainsi, il comptait empêcher l'Angleterre de survivre à l'isolement et la pousser à se rendre. Pour cette raison, tous les navires qui tentaient de ravitailler l'île britannique étaient menacés.

— Mais taisez-vous ! Laissez-moi au moins mourir en français !

Le lendemain matin, la sirène retentit sur tous les ponts du *M.V. Britannic*. La mer est encore démontée et, d'une cabine à l'autre, ainsi que dans les cales du bateau, on s'empresse modérément d'atteindre les ponts. Tous savent qu'il s'agit d'un exercice d'évacuation du navire. De peine et de misère, les passagers se traînent jusqu'aux embarcations de sauvetage.

— Heureux de voir que nous serons dans la même chaloupe, petit Henri.

La voix est familière.

— Tim, tu as le teint aussi vert que tes yeux.

— Nous sommes tous malades. Moi qui croyais avoir le pied marin.

— Ne vous en faites pas, suggère un homme qui vient de se joindre à leur conversation, ce n'est ni la tempête ni votre pied marin. C'est la marine britannique qui a décidé de nous empoisonner avec son hareng immangeable.

— C'est vrai que les Anglais cuisinent mal. Je crois qu'ils font frire le hareng dans l'huile à moteur.

— Quoi? Le repas d'hier était frit? Je le croyais bouilli…

— *Gentlemen… Silence, please!*

D'une journée à l'autre, les exercices de sauvetage se répètent. L'estomac des aviateurs se calme peu après que la mer en eut fait autant. À la fin du quatrième jour, Henri, Timothée et leur troisième compère, prénommé Édouard, se retrouvent sur le quai de promenade. La soirée est belle. Le soleil, à l'horizon, s'efface peu à peu.

— Qui d'entre vous a déjà été en Europe? demande Édouard, les mains enfouies dans les poches de son paletot.

— En Europe? Tu veux rire, lance Timothée. Cela fait cent ans que mes ancêtres ont fui la grande famine d'Irlande. Ils ont tout laissé derrière. Bien… tout… Leur château. C'est tout ce qui leur restait. Ils n'avaient plus rien d'autre. Les récoltes de patates étaient devenues pitoyables, et ils ont dû s'exiler vers le seul endroit où il y avait à la fois des catholiques et l'espoir d'une vie nouvelle pour des cultivateurs : le Canada. Bref, je suis le premier Ward qui remettra les pieds en Europe.

— Eh bien, moi, reprend Édouard, c'est pour voir du pays que je me suis enrôlé. Puis l'aviation, c'est parce que je voulais devenir géographe ; le monde vu d'en haut, c'est fascinant ! Mais dans une famille de quinze enfants… Mon frère aîné aura la ferme ; il y en a un autre qui reprendra la terre de son beau-père. Un qui deviendra prêtre. Le plus jeune ira sans doute à l'université. Moi, j'étais dans le brouillard. C'est sans doute pour cela que j'ai choisi de voler. Et aujourd'hui, en voyant cette étendue d'eau, je me demande pourquoi je n'ai pas choisi la marine.

— En tout cas, je sais, moi, pourquoi je ne suis pas devenu marin. Regardez tout autour : il n'y a rien devant, rien derrière. Que de l'eau à perte de vue. Nous sommes au beau milieu de l'Atlantique. Du nord au sud, de l'eau, de l'eau et encore de l'eau. Cela me donne froid dans le dos !

— *Hey, guys! Do you want to visit the ship's wheel house?*

Voilà de quoi chasser l'ennui du voyage. Les trois confrères acceptent avec enthousiasme. Le pilote tient la barre nonchalamment, se laissant guider par le sillon des deux corvettes qui encadrent son champ de vision. Il sifflote une chanson que tout le monde connaît bien à bord.

« It's a long way to Tipperary

It's a long way, to go… »

Le premier lieutenant, jumelles au cou, leur présente les instruments de bord. Très rapidement, le sujet de conversation dévie vers les fameuses attaques des U-Boote. Le commandant, qui pénètre dans la timonerie, entre dans la discussion.

— Comment peuvent-ils nous attaquer? demande Édouard, ébahi par l'immense convoi d'une quarantaine de navires voguant vers l'est.

— Simple, explique le commandant. Ils profitent de la nuit. Ils arrivent comme une véritable meute de loups. Ils approchent, plongent sous nos navires, puis refont surface en plein milieu du convoi pour tirer sur les bateaux transportant hommes, nourriture ou pétrole. Les navires militaires ne peuvent pas riposter, par crainte de toucher l'un des nôtres. Une fois leur crime perpétré, ces chiens replongent et fuient, nous laissant avec trois, six, huit navires blessés mortellement.

— Mais c'est sadique ! déclare Édouard, épouvanté.

— C'est la guerre, laisse tomber le capitaine.

Cette phrase, que tout le monde répète, justifie l'injustifiable : tuer pour gagner.

— Pour éviter que les Allemands ne prévoient la destination de nos convois, nous zigzaguons ; nous changeons de direction à mesure que nous avançons. Nous, nous ne pouvons pas repérer aussi facilement leurs submersibles. Il y a, à bord de chaque sous-marin, une machine secrète. On l'appelle l'Enigma. Cet appareil sert à recevoir des ordres directement du bureau du chef de la marine allemande, l'amiral Doenitz. Les messages sont encodés et c'est ce stratagème qui nous a empêchés, depuis le début de la guerre, de prévoir la position de leurs sous-marins. Mais cela est en train de changer…

Le capitaine n'en dira pas plus. L'air satisfait, il s'apprête à quitter la timonerie pour rejoindre l'opérateur radio. Or, un étrange ping ! se fait entendre, à intervalles réguliers, dans la pièce derrière eux.

— *Pardon me…* fait l'officier pour s'excuser, en les laissant tous trois devant les grandes vitres du poste de pilotage. Henri, l'oreille tendue, écoute :

— Provenance nord-est.

La fréquence des ping ! accélère. Le pilote, sans quitter des yeux la proue du navire, déclare :

— C'est l'ASDIC. Nous l'entendons par la radio en provenance du *Sainte-Croix*.

— L'ASDIC [12] ?

— Le système de détection anti-sous-marin qui nous avertit de la présence de tout intrus. Il y a sans doute un visiteur dans les parages.

Le pilote demande alors :

— Capitaine, le *Sainte-Croix* a-t-il identifié de quoi il s'agit ?

— Un appel a été lancé, fait l'officier, imperturbable. On attend une réponse. À vue d'œil, rien.

— Si le sous-marin fait surface, nous perdrons sa trace.

___

12 L'ASDIC (*Anti-Submarine Detection Investigation Committee*) est l'ancêtre des premiers radars sous-marins.

Les minutes passent. L'ASDIC s'agite, et ses ping ! se font de plus en plus insistants. Puis, le bruit s'éteint. Demeuré dans le poste de pilotage, Henri aperçoit soudainement quelque chose qu'il n'a jamais vu, mais dont la nature ne fait aucun doute dans sa tête.

— Une torpille ! crie-t-il, en désignant le sillage de bulles à la surface de l'eau, filant vers la proue du navire.

Le pilote sursaute et n'a que le temps de braquer la barre à tribord. Le *Britannic* évite le projectile de justesse.

— Bon sang ! Personne ne l'a donc vue venir ? Et une seule ? s'écrie le capitaine. Les U-Boote peuvent tirer plusieurs torpilles de concert. Soit un de ses lance-torpilles ne fonctionne pas, soit il prend son temps. Dans ce cas, nous ne perdons rien pour attendre.

Une sirène retentit. Au même instant, des projecteurs s'éveillent sur tous les ponts, braqués vers les eaux. À bord des navires de l'immense convoi, chacun se tient maintenant sur le pied d'alerte. Tous se jettent sur leur gilet de sauvetage. Demeuré avec l'équipe de navigation, Henri est paralysé par la peur. Désormais, les consignes proviennent du

Sainte-Croix, qui prend en charge les opérations en crachant des ordres à la radio de bord.

Le pilote fait dévier l'immense transatlantique à tribord toute avec la rapidité d'un habitué de ce genre de manœuvre. Le navire se met à bifurquer. Henri s'inquiète : le *Britannic* va-t-il percuter le *Shediac* ? Eh non ! Déjà, tant ce dernier que l'*Oakville* se sont repositionnés à une vitesse incroyable pour s'aligner avec leur protégé, tels des gerris, ces petits insectes patineurs glissant sur les étangs tranquilles de campagne.

Les deux corvettes filent vers l'origine de la torpille.

À faible distance de leur cible, les corvettes, de concert, se mettent à projeter leurs grenades sous-marines, de petits barils meurtriers bourrés d'explosifs qui, en plongeant en mer, créent des trombes d'eau marquant l'horizon.

— Vois-tu ces barils qu'on lance à l'eau ? Il s'agit de grenades sous-marines, explique le lieutenant. Nous les lançons sur les côtés de la corvette. Nous avons estimé la profondeur du sous-marin, et les grenades sont programmées pour exploser un peu en dessous et un peu au-dessus du submersible. L'effet est incroyable pour les occupants de ce cigare de métal : la détonation est si forte qu'elle ébranle toute la carlingue. Les passagers se retrouvent sens dessus dessous. Le bruit de l'explosion les assourdit ; certains, même, en ont les tympans percés, explique l'officier d'un air satisfait qui fait forte impression sur le jeune homme.

« Puis, ajoute-t-il, leur sous-marin ne peut résister à l'explosion. Invariablement, on endommage la coque, les écoutilles ou d'autres parties vitales de l'embarcation. L'eau s'infiltre aussitôt. Alors, soit ils se laissent couler, soit ils remontent à la surface. Dans un cas comme dans l'autre, nous les avons mis hors circuit ! »

Toute cette tactique à l'air si simple, pense Henri. Il ne lui vient pas à l'esprit de demander ce qu'ils font des sous-mariniers vaincus ni du U-Boote. Les grenades sous-marines ressemblent à d'énormes boîtes de conserve. Cela lui rappelle que, dans sa cabine, il détient encore cette fameuse boîte où le pendentif de madame Boissard marine dans le sirop d'érable. Les explosions se succèdent devant ses yeux, et il s'estime chanceux de se trouver à bord du *Britannic* et non du sous-marin. La voix de

Tim le ramène dans l'atmosphère tendue de la cabine de pilotage :

— Comment savez-vous que le sous-marin est encore sous les corvettes et non en train de nous attaquer ?

— Tout repose sur l'ASDIC des corvettes qui le pilonnent. Ils savent presque exactement à quel endroit l'ennemi se trouve, et nos navires suivent son rythme. Un sous-marin en profondeur se déplace moins vite. S'il veut nous torpiller, il devra remonter. À ce moment, il recevra nos salutations et nos balles.

— Et s'il est appuyé par d'autres U-Boote ?

— Il s'agit d'une attaque isolée. Un seul submersible a été détecté par nos appareils, affirme le pilote, tandis que le *Britannic* continue d'avancer dans la nuit naissante.

Soudain, sans prévenir, la coque du sous-marin s'extirpe de l'eau et apparaît devant eux, à travers l'éclairage des projecteurs arpentant les eaux troubles. Le monstre marin montre enfin son nez dans un spectacle dantesque. Sur les ponts du *Britannic*, on pousse un soupir de soulagement, tandis que la tourelle du U-Boote se stabilise peu à peu sur la mer houleuse. Le bastingage de sa passerelle arrière, qu'on nomme « jardin d'hiver », est complètement tordu. Une des charges sous-marines lancées par les corvettes a fait son œuvre. Dans la tourelle, qui vient de s'ouvrir, deux hommes apparaissent à travers un nuage de fumée.

Au poste de pilotage du *Britannic*, cependant, nul n'est rassuré.

— U-206, prononce, lentement, le capitaine, faisant la lecture du nom du sous-marin. Qu'allons-nous faire de ce rafiot ?

Au même instant, ayant mis cap nord-est, l'*Agassiz*, contournant le *Sainte-Croix*, éperonne l'arrière du submersible dans un fracas de tôle. Le son des deux embarcations qui se heurtent résonne comme un gong. Les sous-mariniers allemands, pris par surprise, plongent dans les eaux glacées de l'Atlantique. La proue de l'U-206 disparaît presque aussitôt, sous les regards médusés, dans les eaux sombres de l'Atlantique.

— Ils sont fous ! Qu'est-ce qui leur a pris ? lance le pilote, cramponné à sa barre.

— Poursuivez la route, ordonne au même moment le premier lieutenant en dévisageant son supérieur.

— Mais, mais, nous ne pouvons pas continuer, déclare Henri, insurgé. Il y a des hommes à la mer.

— Ils seront morts de froid avant que nous ayons pu les recueillir, réplique le premier lieutenant, imperturbable.

Les navires militaires qui accompagnent le *Britannic* se sont écartés du lieu de la collision. Sur le pont de l'*Agassiz*, dont la proue est sérieusement abîmée, les cris s'entremêlent aux ordres.

— J'ai des nouvelles de l'*Agassiz*, prononce l'opérateur radio, qui montre son visage pour la première fois. Les dégâts sont majeurs, mais le navire n'est pas en danger. Le capitaine plaide la fausse manœuvre; il allègue que la poupe du sous-marin n'était pas en vue.

— Collision accidentelle, aucun survivant; ce sera un rapport rapide à compléter, fait le premier lieutenant en souriant.

Le capitaine du *Britannic* se renfrogne. Il fixe l'horizon. Henri se fait insistant :

— Capitaine! Je vois au moins deux personnes qui surnagent encore. Il faut les tirer de là.

— Ce serait de la folie, *young man*. Si nous arrêtons, nous deviendrons la cible d'un autre sous-marin.

— Impossible ! Vous avez déclaré vous-même que l'U-206 était seul !

Le pilote, cramponné à sa barre, sourit à pleines dents. Le premier lieutenant est indigné :

— Capitaine ! Ne tenez pas compte de ce gamin. Il faut continuer. Il est d'usage de ne pas faire de prisonnier.

— Ne l'écoutez pas ! réplique fermement Henri. Le code de conduite en mer…

— Ça suffit, clame le capitaine. Anderson, venez ici.

Le premier lieutenant, se raidissant, suit le capitaine qui retraite vers le pont. À travers la vitre, Henri les dévisage et aperçoit l'œil menaçant d'Anderson. Puis, de retour, le capitaine donne un ordre :

— Avisez le *Sainte-Croix* que nous rescapons les survivants.

Henri, le cœur battant, observe le canot disparaître le long de la coque du *Britannic*.

Un sentiment étrange l'envahit. Enrôlé pour se battre contre les nazis, il réalise que les premiers hommes dont il sauve la vie avaient pour mission de tuer les siens.

13

Heinrich Engelmann

Curieux à l'égard des hommes qu'il vient de soustraire à la noyade, Henri obtient du capitaine la permission de les interroger avant qu'ils ne soient mis en isolation. Il se présente donc dans une cabine, une pièce dépourvue de charme, strictement meublée par une table, quelques chaises, une couchette et un rideau masquant le hublot. L'inconnu qui se tient devant lui est l'un des deux survivants du U-206. Il s'est recouvert d'un drap de laine et ne porte, pour tout vêtement, que sa chemise humide et froissée, ainsi que de lourdes bottes délacées. C'est un homme entre deux âges qui arbore une barbe de quelques jours, une pomme d'Adam saillante et un teint particulièrement blafard. Ses cheveux jaunes ont dépassé la longueur réglementaire. Il a les traits creusés, et ses yeux bleus disparaissent au fond de son arcade sourcilière. Par-dessus le marché, il empeste le mazout et l'huile. Il renifle, puis sourit au jeune aviateur.

Ce dernier regarde la main qui lui est tendue. Il n'y répond pas, craignant qu'on le suspecte de fraterniser avec l'ennemi; on ne sait jamais, le garde installé à la porte, laissée ouverte pour des raisons de sécurité, pourrait décider d'y jeter un œil. Ces histoires d'espionnage vécues à Summerside l'ont suffisamment effrayé pour qu'il demeure aux aguets. C'est la première fois de sa vie qu'il fait face à l'ennemi. On avait jusqu'alors présenté les soldats allemands comme de jeunes hommes virils, fiers et impassibles. L'écart entre ces surhommes dont on lui avait parlé et l'être rabougri qui se tient devant lui surprend Henri. L'homme parle français, bien que ce soit avec un accent guttural germanique et prononcé.

— Je comprends, jeune homme, que vous ne vouliez pas me serrer la main. Sachez tout de même que j'aurais préféré ce geste d'amitié à un salut militaire.

Le garçon hausse les épaules, puis se retient d'enfouir ses mains dans ses poches. *Rester digne*, se dit-il, en se raidissant le dos.

— Je m'appelle Heinrich Engelmann.

— Et moi, Henri Léveillée.

— Henri ? Vous vous appelez Henri ? C'est comme mon nom, mais en français ! répond soudain le marin. Nous étions vraiment faits pour nous rencontrer ! Je suis Heinrich Engelmann, répète-t-il en s'inclinant, *Oberleutnant zur See* à bord du submersible U-206 de la Deutsche Kriegsmarine.

— Si c'est pour me répéter ce que vous débitez à nos officiers depuis que vous êtes à bord, pas la peine de vous essouffler, répond Henri avec aisance.

— *Nein*, jeune homme. Pas du tout. Vous savez que les règles dictant l'interrogatoire des prisonniers de guerre me permettent, sans représailles, de ne divulguer que mon nom, mon titre et mon matricule. J'ai bien l'intention de m'en tenir à cela. Mais j'ai été surpris qu'on nous tire des eaux glacées de l'Atlantique. Aussi vos officiers m'ont-ils dit que je devais mon salut à votre intervention.

— C'est sur le coup de l'émotion, oui. C'était stupide de ma part, répond Henri d'une voix posée.

— Ne dites pas cela. Je vous dois la vie. Je m'en souviendrai.

— Lorsque vous serez dans le fond d'un cachot, et moi, dans les airs, à tirer sur vos sales bases ?

— *Nein*. Lorsque cette guerre sera finie et que notre führer libérera les prisonniers. L'Allemagne est un pays supérieur en tous points au Canada. Les États-Unis sont aux prises avec une crise terrible. L'Angleterre s'essouffle. Nous sommes maîtres des eaux grâce à nos U-Boote. D'ici deux ans, vous rendrez les armes, et ce sera enfin la paix dans le monde.

— Bon sang ! Qu'est-ce qu'on vous a fait, comme lavage de cerveau, dans votre pays ?

Henri a bien envie de laisser là cet homme qui semble convaincu de la suprématie allemande. Pourtant, il meurt d'envie de poursuivre sa discussion afin de détruire les certitudes de cet homme qu'il croit fou. *Après tout, passer des semaines entières dans une coquille, au fond des océans, entouré d'une quarantaine d'autres gaillards qui empestent tout autant ne peut pas laisser un homme sans séquelles,* pense-t-il.

— L'échec que vous venez de subir démontre que notre marine est supérieure, Herr

Engelmann. En plus, nous vous avons tiré d'une mort certaine. C'est bel et bien la preuve que nous sommes plus humains que vous !

— Au contraire, au contraire. Cette bonté vous tuera. Nous sommes en guerre, et seuls les plus insensibles et les plus impitoyables sauront vaincre.

— Nous n'avons pas la même définition de ce qui fait un grand homme, réplique Henri, avant de tourner les talons pour sortir de la pièce. Mais l'homme, qui s'est rapproché, empoigne la manche de sa veste.

— Attendez. Attendez.

Henri se retourne. Dans les yeux du marin vient de s'allumer une étrange lueur.

— J'admire votre sens de la répartie, jeune homme.

— Lâchez-moi, ou vous aurez aussi l'occasion d'admirer mon poing dans votre figure.

Engelmann retire aussitôt sa main et écarte les bras, montrant ses paumes. Puis, il dit :

— J'aimerais simplement vous offrir un cadeau pour vous remercier. Mais laissez-moi, avant, vous raconter une histoire.

Le marin prononce cette dernière phrase avec empressement. Il repousse un peu la porte, fait le tour de la table, puis s'assit et invite Henri à en faire autant. Après une brève hésitation, le garçon accepte. Après tout, n'est-il pas là pour tenter de grappiller quelques secrets à l'adversaire ? Le naufragé vient de se ressaisir. Il déglutit, regarde encore autour de lui, puis s'incline sur la table.

— Lorsque, en 1939, l'armée allemande a envahi la Pologne, des amis et moi avons trouvé un trésor...

— Un trésor ? Quel genre ?

— Il s'agissait essentiellement de bijoux, d'argenterie et de pierres précieuses qu'on avait saisis à titre de prises de guerre.

— Pas très réglementaire comme conduite, il me semble, répond Henri, en pensant à la façon avec laquelle il s'est approprié, lui-même, le collier de madame Boissard.

— C'est la guerre !

— Alors, pourquoi me parlez-vous de ce trésor ?

— Laissez-moi vous expliquer. À cette époque, j'étais Leutnant zur See à bord d'un navire qui avait comme objectif d'atteindre le port de Gotenhafen. La ville a été occupée et nous avons fait évacuer la population locale. Quelques personnes ont laissé en partant des… comment dire… des souvenirs… Alors, des amis et moi, nous nous sommes servis. Ensuite, nous avons fait escale à Koenigsberg, une ville située dans une ancienne enclave au nord de la Pologne. Ma famille y possède un château.

— Un château ! s'exclame Henri.

— *Ya ! Ya !* Un petit château. Pas une immense *festung*. Ma famille est descendante de l'ancienne noblesse de Prusse. Mon grand-père était ce qu'on appelle un junker. Il avait renoncé à ses titres de noblesse parce que Hitler se méfiait des junkers et qu'il voulait demeurer dans les bonnes grâces du parti. Je ne m'appelle donc pas von Engelmann, mais seulement Engelmann.

— Vous avez décidément bien préparé votre histoire. Je n'en crois pas un mot. Un peu plus et vous allez, pour m'endormir, me dire que vous voulez partager votre trésor avec moi.

— *Ya !* Exactement, déclare alors Heinrich, avec le plus grand sérieux. Voyez-vous, lorsque nous avons déposé notre butin dans les caves du château, nous ne croyions pas que la vie nous séparerait. Mes deux amis sont morts lors du naufrage du *Bismarck*.

— Ah, prononce Henri, faisant mine de s'intéresser à cette histoire qui lui semble tordue.

— Vous n'avez pas l'air de me croire…

— Comment le pourrais-je ? Vous me débitez là une histoire bien pathétique. J'ignore pourquoi, d'ailleurs.

— Pour vous remercier, voilà tout. Je vous dois la vie. Après la guerre, nous irons à Koenigsberg et nous partagerons le butin. Dès que je serai sorti de prison… Ou avant, ajoute Heinrich, un brin d'astuce dans les yeux.

— Ah ! Nous y voilà ! Vous voulez que je vous fasse échapper. Eh bien, n'y comptez pas !

Le jeune soldat se relève d'un bond et, du doigt, pointe l'officier, assis, déculotté et, pourtant, impassible.

— S'il y a quelque chose de vrai, dans votre histoire, vous allez commencer par me dire d'où vous venez. De quel navire ? Avec quelle mission ?

— Si vous le désirez, répond encore Heinrich Engelmann, qui tente une dernière fois de gagner la confiance de son interlocuteur. Je viens du submersible U-206 de la troisième flottille. Mon commandant à bord était le Kapitänleutnant Herbert Opitz. Notre port d'attache était La Rochelle, que nous avons quitté durant l'automne [13].

— Pourquoi naviguiez-vous seul ? On ne cesse de nous répéter que les loups gris sillonnent l'Atlantique en meutes.

— Notre navire a été gravement endommagé ; nous supposons qu'il s'agissait d'une mine sous-marine qui a éclaté à proximité, quelques jours après notre départ. Nous l'ignorions, mais cela a détraqué trois de nos lance-torpilles. Puis, notre appareillage radio a été complètement mis hors d'usage par une plongée rapide.

— Eh bien, il était en piteux état, votre cigare sous-marin.

---

13 L'U-206 est officiellement disparu le trente novembre 1941. On prétend qu'il aurait heurté une mine antisous-marine au large de Saint-Nazaire. Durant sa courte existence, de mai à novembre 1941, ce sous-marin a coulé trois navires.

— Pardon ?

— Non, rien. Et quelle était votre destination ?

— En fait, c'est une pure coïncidence si nous avons abouti face à votre convoi. Nous avions mis le cap sur Saint-Nazaire. Comme votre navire traînait à l'arrière, nous avons décidé de l'attaquer.

Henri soupire. Toute cette histoire lui semble cousue de fil blanc. Il ne peut y croire. Aussi n'a-t-il aucune gêne à fausser compagnie à cet étrange sous-marinier qu'il regarde s'éloigner vers une cabine où on le tiendra isolé.

Pourtant, le soir, de retour dans sa propre cabine où une dizaine d'hommes ronflent aussi fort que les machines du navire, il ne peut s'empêcher, en jonglant avec sa boîte de sirop d'érable, de penser à Engelmann. Tout comme lui, il est soldat. Tout comme lui, il vient d'une famille déchue. Tout comme lui, il s'est approprié illégalement des bijoux. Au fond, Allemands et Canadiens ne sont pas si différents. Le but de la guerre serait-il de tirer sur ses semblables ?

14

Un Canadien en Angleterre

Bournemouth – Mars 1942

Quelques jours passent encore avant que le navire ne s'approche de la ville de Greenock, en Écosse. La ville natale du légendaire capitaine Kidd est devenue un véritable port d'accueil pour les militaires canadiens. L'anse où le port a été aménagé a pris l'allure d'un habile enchevêtrement de digues et de quais de toutes tailles, derrière lesquels de longs entrepôts se perdent dans la brume écossaise. Les grands navires, tels que le *Queen Elizabeth 1*, le *Île-de-France* ou le *Britannic* accostent à tour de rôle, vidant leur ventre de milliers de soldats qui rejoignent ensuite les dizaines de bases militaires poussant sur l'île britannique. Avant de quitter définitivement le paquebot, un sergent explique aux aviateurs qu'ils seront emmenés par train à Bournemouth, dans le sud de l'Angleterre :

— Les convois de troupes ne débarquent pas dans les ports du sud à cause des risques d'attaques aériennes ; nous voulons éviter à tout prix que les navires soient coulés. Cela paralyserait les activités portuaires. Quand vous arriverez à destination, prenez garde aux indications qui vous seront données en cas d'offensive de l'aviation ennemie.

Le train s'ébranle. Le voyage est long et ennuyeux pour plusieurs, mais Henri, lui, ne cesse de regarder les villes et les campagnes anglaises que le convoi ferroviaire traverse. Le Cumberland, le Cheshire, le Surrey ou le Hampshire, ces noms qu'il lisait dans les journaux et dans les livres se matérialisent devant ses yeux. Pendant une bonne partie de la route, il ne les voit que dans l'ombre, car la nuit, l'Angleterre plonge en pleine noirceur, pour éviter d'être bombardée par les avions ennemis.

Alors que voyagent les nouveaux pilotes en terre anglaise, à plusieurs kilomètres de là, dans un bureau gris et humide de la base de Wellingore, une discussion entre officiers fait rage.

— Lieutenant Laurent Léveillée, je suis le commandant de cette base. Je dois assurer la sécurité de mes aviateurs. Rien ne m'indique que Henri est prêt à prendre les commandes d'un chasseur de la 412e escadrille. Je connais votre jugement et je vois que vous avez effectué un suivi très serré avec l'école de Summerside; s'il se révèle l'as que vous prétendez, les rapports de la Flying Training School me le confirmeront.

— Et quand les rapports seront-ils produits? demande Laurent.

Le commandant, en se lissant la moustache, consulte son calendrier.

— D'ici six mois.

— Mais major, c'est trop long!

Un troisième officier, demeuré muet sur son fauteuil, prend enfin la parole.

— Major Blight, le lieutenant Léveillée n'a pas à contester votre décision. Il est clair qu'il tente de favoriser l'accès d'un membre de sa famille à un poste que celui-ci n'est pas prêt à assumer.

— Sanders, vous avez été élevé au grade de lieutenant parce que vous êtes un leader.

Vous êtes chargé d'intégrer les nouveaux aviateurs à l'escadrille. Je cerne mal ce qui vous oppose tant à ce garçon, réplique Blight.

Le lieutenant Sanders guette du coin de l'œil le cousin de cette petite peste qu'est Henri Léveillée.

— Ce garçon, justement, est un gamin. L'escadrille 412 n'est pas une pouponnière. Nos aviateurs devront abattre des bombardiers allemands et tenir tête à des Messerschmitt ultra-rapides maniés par des pilotes chevronnés et acharnés. Nous n'avons pas de place pour cet enfant.

— Enfant! répète Laurent en s'indignant, avant de rougir sous le regard réprobateur du major.

— Oui, un enfant! reprend Sanders. Il a menti sur son âge lorsqu'il s'est enrôlé.

— J'avoue qu'il faut avoir de l'audace, commente le major.

— Je ne crois pas que nous puissions mettre un Spitfire entre les mains du jeune Léveillée.

— Si je peux me permettre major, reprend Laurent, Henri a piloté un Mustang durant ses essais.

L'avion Mustang, un peu moins rapide que le Spitfire, est considéré par l'État-major de l'armée comme l'un des chasseurs ayant le plus de potentiel. Le commandant Blight lève un sourcil, intéressé. Il dit :

— Vraiment ? Savez-vous comment s'est déroulé son vol ?

— Il y a eu accident, lance Sanders, fier.

— En fait, rectifie Laurent, Henri a trouvé l'avion trop lourd pour son moteur. Il a voulu prendre de l'altitude et l'appareil a semblé lent à réagir. Son aile a heurté la cime d'un conifère.

Le major, demeuré bien calé dans le fauteuil de son bureau, vient de se lever, le regard décidé. Un sourire transparaît aux commissures de ses lèvres. D'un ton catégorique, il déclare :

— Faites envoyer un message à Bournemouth. Le soldat Henri Léveillée doit se présenter ici dans les quarante-huit prochaines heures. Lieutenant Sanders, veillez à ce qu'un chasseur soit assigné au jeune Léveillée.

— Mais, mon commandant, il est d'usage que les nouveaux pilotes transitent par l'OTU…

— Alors, envoyez-le quelques semaines à Heston, le temps qu'il reçoive son insigne de *Pilot Officer*, et n'en parlons plus.

— Mais, tous les appareils disponibles sont occupés. Notre personnel est complet et…

— Lieutenant Sanders, je vous donne carte blanche pour résoudre ce problème. Vous pouvez disposer.

Sanders, surpris, se raidit, effectue le salut réglementaire et sort du bureau, non sans toiser Laurent qui, lui, comprend ce qui a fait prendre une telle décision au major Blight. Ce dernier, une fois la porte refermée, déclare :

— Les tests effectués jusqu'à maintenant démontrent que le Mustang est trop lent face aux avions allemands. Si votre cousin a effectivement remarqué cette défaillance, il est l'as qu'il nous faut. Je crois que, désormais, son principal obstacle sera James Sanders qui, pour une raison que j'ignore, semble haïr profondément votre cousin, lieutenant Léveillée. Savez-vous pourquoi ?

— Je n'en sais rien. À vrai dire, mon cousin fait partie des quelques aviateurs qu'a recrutés le capitaine Émile Cardinal.

— Cardinal, dites-vous ?

— Oui, major.

— J'ai beaucoup de respect pour Cardinal. Saviez-vous qu'en 1941, son avion a été abattu par des Allemands au-dessus de la France ? Il a été fait prisonnier, est parvenu à se sauver et a rejoint des résistants pour, ensuite, revenir sain et sauf en Angleterre. Tout un exploit !

— Je sais. Mais il refuse d'en parler.

— En effet. Cette aventure est restée un mystère.

— Tout ce que j'ai su, ajoute Laurent, c'est qu'après être entré en contact avec ces résistants, il a rencontré le général de Gaulle, le premier ministre Churchill, puis qu'il est rentré au Canada. C'est à ce moment qu'il a fait connaissance avec Henri.

— Personne ne sait exactement ce qui s'est passé durant ce voyage, déclare le major en réfléchissant. Ce dont je me souviens, par contre, c'est qu'à la suite de ces événements, le major Swanson a été destitué de Summerside. Et Sanders est un proche de Swanson. Voilà le seul lien que je peux faire entre ce Sanders, le capitaine Cardinal et le jeune Henri. Maintenant, lieutenant, veuillez disposer, je vous prie.

Refermant la porte, Laurent se gratte la tête. Toute cette affaire lui semble étrange. Cependant, il y a plus urgent. Il a utilisé cette histoire de moteur de Mustang pour vanter Henri, mais il sait fort bien que l'accident auquel a fait allusion Sanders est le résultat de la témérité de son jeune cousin. Dans les faits, les décevantes performances du Mustang ne sont connues que d'un groupe restreint d'habiles pilotes; il vaudrait mieux, avant que Henri n'arrive à Wellingore, que ce détail soit connu du principal intéressé!

**

Les jeunes pilotes viennent de descendre à Bournemouth. Verres fumés, calot et uniforme tout neuf, ils ont l'impression, devant le calme des citoyens de la ville, qu'il s'agit d'un simple arrêt dans un voyage de tourisme. Pourtant, il n'en est rien. Dans quelques heures, ils sauront à quelle base ils seront dirigés.

Fraîchement installé, Henri se donne comme objectif de trouver une bijouterie pour se défaire discrètement du collier de madame Boissard. Cet après-midi-là, les Canadiens peuvent aller à leur guise dans les rues de la ville côtière. Dès qu'il le peut, il fait faux bond à Timothée.

Malgré son pas qu'il veut le plus naturel possible, il ressent une étrange présence, un œil invisible qui le suit sans défaillir. S'agit-il du regard de sa conscience, sachant qu'il s'apprête à se défaire d'un objet acquis illégalement? Le jeune homme ne peut s'empêcher, à chaque carrefour, de fureter aux alentours, à l'affût d'un espion qui le talonnerait. Il en vient même à penser que le docteur Lalanne pourrait l'avoir suivi jusqu'ici.

Il découvre un magasin idéal au détour d'une place publique. Il tourne la tête à gauche et à droite : personne à l'horizon. La porte, en ouvrant, émet un tintement de clochette et, à sa vue, clients et employés se retournent pour lui adresser un large sourire.

Pour une entrée discrète, c'est raté, pense-t-il.

— Un Canadien! C'est un soldat canadien! fait la caissière, émerveillée, le pointant joyeusement.

— Pardonnez mon employée, mais votre réputation vous précède, s'excuse le gentleman, un homme moustachu entre deux âges, habillé d'un tablier et d'une belle chemise fermée d'une cravate de grande qualité.

L'homme pose une curieuse petite loupe sur son comptoir vitré dans lequel s'alignent les montres à gousset et les chevalières.

— Que puis-je faire pour vous? Comme vos confrères, vous vous apprêtez à demander l'une de nos concitoyennes en mariage, peut-être? Nous avons de jolis anneaux de fiançailles…

— Non, non, répond Henri. J'ai plutôt un bijou dont je désire me départir et…

— Hélas, soldat, vous n'êtes pas le premier à vouloir vendre quelques biens. Malheureusement, je ne crois pas pouvoir vous aider.

— Que voulez-vous dire?

— Depuis le début de cette maudite guerre, explique le bijoutier, de nombreux Français réfugiés, puis bon nombre d'Anglais, ont dû, pour obtenir un peu de liquidité, vendre leurs bijoux au plus offrant. Depuis que l'Angleterre est étranglée par le blocus d'Hitler, les gens n'achètent plus de bijoux. Ni bague, ni perle, ni collier. Tout l'argent sert à se procurer, sur le marché noir, les denrées nécessaires et quelques fantaisies : chocolat, fruits confits, bas de soie. Vraiment, ce conflit est un drame pour les bijoutiers. À peine vendons-nous parfois quelques montres ou anneaux aux militaires. Vous m'apporteriez le trésor royal que je ne pourrais vous en donner que quelques shillings.

Le garçon repart bredouille. Le voilà en terre étrangère, aviateur sans avion, avec pour tout bagage un contenant recélant un bijou qui vaut maintenant moins que le sirop d'érable dans lequel il est noyé.

***

Le soir, Tim Ward, fier de ses nouvelles épaulettes de lieutenant d'aviation, invite Édouard et Henri à sortir dans Bournemouth, avant que le couvre-feu n'endorme les lumières de la ville côtière. Mais la porte de la chambre de Henri s'ouvre aussitôt.

— Messieurs ? Y a-t-il ici un jeune sot ayant déserté le nid familial de Québec ?

Henri n'en croit pas ses yeux. Son cousin, Laurent, se tient dans l'embrasure de la porte, le regard étincelant, dans son habit de lieutenant.

— Ça, par exemple ! Quelle surprise ! Comment as-tu fait pour me retrouver ? Nous sommes des milliers de petits soldats bleus à arpenter cette ville et toi, tu fais irruption directement dans ma chambre.

— Facile : je suis responsable de nos recrues en tant qu'officier de liaison. Je ne vole pas, mais j'ai accès à plein de gros secrets militaires ! D'ailleurs, je dois te faire un aveu, Henri. Depuis le début, je suis au courant de tes performances. J'ai fait en sorte que tu passes le plus rapidement possible à l'action. Il n'était pas dit que je laisserais Hitler gagner la guerre parce qu'on t'aurait collé le fond de culotte sur un banc d'école. Émile et moi avons suivi ton dossier pas à pas et…

— Alors, toi, ne me parle pas d'Émile Cardinal ! répond Henri, offusqué.

Son cousin le dévisage, intrigué.

— Je ne sais pas à quoi il s'attendait, en me recrutant, mais tu ignorais sans doute qu'il espérait faire de moi une espèce de porte-documents patenté au service des espions nazis.

Les yeux de Laurent s'agrandissent. Sa mine est si surprise que Tim a envie de pouffer de rire. Ses épaules tressautent et, n'en pouvant plus, il s'extirpe de la chambre pour éclater d'un rire qui retentit sur tout l'étage. Laurent ferme la porte.

— Est-il toujours comme cela, notre nouveau *flight officer*?

— Il prend tout à la légère. Ne détourne pas la conversation, veux-tu? Émile a voulu m'utiliser. J'ai même fait les frais d'une enquête de la RCMP à Summerside. Pourquoi aurait-il tout fait pour que j'aboutisse le plus rapidement possible en Angleterre?

— Émile a quelques ennemis dans l'Aviation royale canadienne. Il déteste la routine, et certains trouvent qu'il remue trop les habitudes des officiers en place. D'ailleurs, son avancement a tardé tant qu'il a été à Summerside et il s'est opposé à son supérieur d'alors, le major Swanson. Mais un espion, ça, je ne peux le croire. En attendant, prépare-toi pour quelques semaines d'entraînement. Ensuite, tu ne pourras plus reculer : tu auras ton avion bien à toi. Ah, oui… Ne t'avise surtout pas de jouer au cowboy avec les avions de Sa Majesté. J'ai eu assez de difficulté comme cela à faire croire que tu n'y étais pour rien dans ton accident avec le Mustang P-51.

Laurent a glissé cette dernière phrase entre un clin d'œil et le retour de Timothée, écarlate, dont les épaules tressautent encore en raison d'un rire qu'il ne réussit pas à calmer.

— Ton cousin a raison : tu es un véritable cowboy de l'air. Je ne voudrais pas que tu emmènes ma grand-mère en balade, mais tu as le ciel dans le sang et on aura toutes les occasions de le montrer aux Allemands une fois qu'on aura intégré la 412e escadrille.

15

Opération Circus

Mars 1942

Le train s'est arrêté à Nottingham. À l'ombre de son château, la légendaire ville de Robin des Bois est aux abois ; une sirène retentit, et les gens se pressent vers des abris aménagés au cœur d'anciennes cavernes de grès creusées dans le sol. Henri n'a jamais vécu la menace d'une attaque aérienne. Son sang ne fait qu'un tour. Le garçon se propulse là où les citadins se rendent, dociles et diligents.

Un soldat de l'aviation canadienne l'attrape par le bras.

— Eh, vous ! Je crois que vous êtes mon colis. Léveillée ? lit l'homme, sur l'habit de Henri.

— Oui, oui, mais il ne faut pas traîner ici, s'empresse de dire Henri.

— Ici, les gens sont habitués à ce genre d'alerte. Hommes, femmes, enfants se rendent dans leurs bunkers sans précipitation. Ils sont incroyables, ces Britanniques. Allons, faisons comme eux, répond William Wood en abrégeant les présentations.

Aucun avion allemand ne survole la ville. Après une heure d'attente, durant laquelle les gens se sont installés pour lire, discuter ou jouer aux cartes, on rouvre les portes des abris, et la vie de Nottingham reprend son cours. Comme si de rien n'était. Tétanisé, Henri recommence à respirer librement. Il n'a jamais, encore, vu un avion allemand autrement qu'en photo.

Le camion de Wood démarre enfin, et les deux soldats font connaissance en chemin.

Très vite, ils arrivent à Wellingore. La base se trouve en plein champ. Quatre pistes rudimentaires formant une grande croix entourée d'une longue allée périphérique sur laquelle des Spitfire en maintenance vont et viennent. Au bout, huit hangars. On aperçoit aussi, un peu partout sur la base, de nombreuses habitations qu'on appelle les Nissen Huts. Celles-ci, de fabrication peu coûteuse, peuvent loger une demi-douzaine d'aviateurs. Il s'agit de demi-cylindres de tôle fermés aux extrémités par un mur de brique ou un panneau d'acier. Tout autour, à égales distances, de petites constructions de béton permettent de guetter les airs. À cause de leur forme aplatie, ces casemates armées, qui contribuent à défendre l'aéroport, portent le nom de *Boîtes à pilules*. Le remède qu'elles contiennent tue froidement.

Au-delà des haies qui ceinturent les terrains, Henri remarque quelques moutons se dirigeant, lentement, vers un pré. L'activité de la base militaire tranche étrangement avec le calme bucolique de la campagne anglaise.

— Alors, on ne salue pas son lieutenant, *pilot officer* Léveillée?

Timothée vient accueillir Henri. Il lui serre chaleureusement la main et lui désigne l'endroit où il logera. En voyant l'éclat du regard de son ami, Henri devine qu'il est heureux et totalement étranger à ce qu'on raconte à Sorel.

— As-tu des nouvelles du Québec? demande le jeune Ward, qui ne cesse de lui parler de la vie sur la base en l'emmenant aux quatre coins de Wellingore.

— Non, pas vraiment, se contente de répondre Henri, évasif.

Pourtant, Henri porte dans sa tête une nouvelle qui le tiraille cruellement. Dans sa dernière lettre, Jane lui a annoncé qu'elle rompait leur relation. Elle n'arrive pas à supporter l'éloignement. La durée de la guerre. La crainte qu'il ne revienne pas. *Et puis, nous nous connaissons si peu*, écrit-elle, comme une excuse. Le voilà maintenant membre à part entière de ce triste club des militaires abandonnés par leur amoureuse une fois l'Atlantique traversé. Mais il y a plus singulier : Ruby est enceinte de Tim. Comme ils ne sont pas mariés, la nouvelle est accueillie froidement par les membres de la famille McIver, qui doutent de la sincérité de Tim. Ils prétendent qu'il ne s'est fiancé que pour profiter de leur fille. Ils craignent que Ruby ne se retrouve mère d'un enfant conçu *dans le péché*. En conclusion de sa lettre, Jane le prie de ne rien dire à Timothée. Ruby s'en chargera. Alors, Henri se tait et dévisage son ami.

— Eh bien, moi non plus. Pas de nouvelle, bonne nouvelle, tranche Tim.

— Tu as l'air rudement joyeux, toi. J'espère que tu ne sors pas trop.

— Du tout ! Je manque de temps. Et le travail ne manque jamais. Je trouve à peine du temps pour penser à Ruby. Et les filles du coin ne valent vraiment pas mon Irlandaise.

C'est clair : il n'est au courant de rien. Henri se laisse entraîner vers le quartier général, un étrange bunker de brique creusé dans le sol. Lorsqu'il est rendu à cet endroit, on lui indique où se trouve l'avion qu'il pourra piloter. Timothée lui explique :

— Sur cette base, il n'y a que des avions de chasse. Les bombardiers se trouvent plus loin, au cœur de l'Angleterre. Ici, nous sommes près de la Manche et nous restons sur nos gardes, au cas où l'Angleterre subirait une attaque allemande. Les avions sont dispersés dans ce qu'on appelle des alvéoles. Si nous les regroupions tous ensemble, il suffirait d'une seule attaque pour neutraliser toute notre escadrille. Même chose pour nos logements. On m'a dit que le matricule de ton avion est VZ-K.

Voilà que Henri part à la recherche de son avion. À la course, il scrute alvéoles et hangars, sans trouver, parmi tous ces fringants Supermarine Spitfire qui font déjà la gloire de l'aviation alliée, celui qui devrait l'attendre. Il s'arrête à un hangar.

— Un Spitfire, dis-tu? lui fait répéter un mécanicien, les mains plongées dans le moteur d'un appareil dont l'état laisse à désirer. Je n'en ai pas vu, mais si tu es le Frenchie qu'on a annoncé, eh bien, voilà ton coucou : un Hawker Hurricane, que je répare justement.

L'appareil que tente de mettre en marche le mécanicien n'est guère plus vieux que les autres, mais le Hurricane a déjà la réputation d'être un avion pataud et démodé. Conçu en partie en bois, en partie en toile, il ne fait pas l'envie des pilotes. Celui-ci, particulièrement, semble avoir eu la vie dure ; une de ses ailes est criblée de trous de balle grossièrement réparés. L'entoilage, à l'arrière, vient d'être repeint.

— Est-ce ton avion? Il l'a échappé belle ! Si tu l'avais vu la semaine dernière ! Il s'est fait prendre en chasse par un Allemand, et la toile du fuselage était complètement déchirée. On en a remis une neuve. Maintenant qu'elle est peinte et bien tendue, on dirait presque de la tôle. Mais pour son pilote, ça a été plus compliqué. Il s'est posé par miracle, ensanglanté, avant de perdre connaissance. Il n'est jamais revenu à lui, raconte l'homme, tandis que Henri, qui retient sa colère, retraite vers le bunker où il a laissé Timothée.

— Mais quelle mouche les a piqués! Un Hurricane! Jamais je ne pourrai accompagner les autres pilotes lorsque nous partirons en mission!

— C'est le lieutenant Sanders qui s'est occupé de te trouver un appareil.

— Sanders? Oh non! fait soudainement Henri. Il veut me tuer!

— Bah! Dis-toi que les Allemands aussi veulent te tuer. Je sais, je ne te rassure pas.

Timothée, qui a mieux intériorisé le côté flegmatique des Anglais, ne laisse rien paraître de ses émotions. Pourtant, il est loin d'ignorer que l'appareil dont parle son jeune ami est ce vieux coucou ayant échappé de justesse à la ferraille. La dernière escadrille à avoir occupé Wellingore n'a pas voulu le conserver. Ses deux plus récentes missions l'ont vu se poser en catastrophe, affecté par des problèmes de moteur. Son dernier pilote est mort. Intérieurement, le grand roux est inquiet : envoyer Henri à la rencontre de l'ennemi à bord de ce bolide, c'est risquer inutilement sa vie. Mais il garde son sang-froid et invite Henri à se calmer avant de disparaître dans le bunker.

Henri, intrépide, descend quelques marches. Il entend une voix qui ne lui est pas inconnue. Celle du lieutenant Sanders ! Il discute avec Timothée.

— Écoutez, Ward ! Il n'est pas question que je mette un des nouveaux Spitfire entre les mains d'un enfant. Il va le détruire en un rien de temps. Le major voulait que je lui trouve un avion, eh bien ! j'en ai trouvé un.

— Mais c'est cet avion qui va détruire Henri. C'est un vrai cercueil volant.

— Dans ce cas…

Sanders se tait, conscient que ses paroles risquent de le trahir. Il se ravise :

— Seriez-vous en train de remettre en question mes ordres, lieutenant Ward ? Au lieu de prendre la défense de ce garçon, je vous conseille de faire votre travail. Dans une demi-heure, tout le monde doit se trouver à la salle de *briefing* pour l'opération Circus d'aujourd'hui. Léveillée y compris.

Henri, qui a tout entendu, se frotte les mains. Une première mission ! Il volera peut-être avec un appareil préhistorique, mais ce sera l'occasion de montrer ce dont il est capable !

La mission *Circus 116b* est simple : sous la direction du chef d'escadrille John David Morrison, les chasseurs doivent escorter six bombardiers Boston chargés de vider leurs bombes sur une gare de triage située à Abbeville, en France occupée. Comme toutes les autres missions classées sous le code Circus, leur tâche s'effectue en plein jour et, tandis que les bombes tombent sur la cible, les chasseurs, comme une nuée de guêpes, doivent traquer les avions ennemis protégeant la gare. Morrison a lui-même exposé le détail de cette expédition à ses hommes. Malgré ses vingt-neuf ans, ce jeune officier mérite le respect de son équipe. Ce constat rassure Henri.

Une heure plus tard, les pistes sont dégagées de toute circulation. À tour de rôle, les chasseurs roulent dans la même direction et, peu après, les premiers Spitfire s'élèvent dans le ciel. Henri, qui scrute le tableau de bord, ignore que Tim est rongé par l'inquiétude. Sanders l'envoie au front sans aucune expérience sur cet appareil, ce qui ne correspond pas au règlement.

Le Hurricane VZ-K s'ébranle. En cette journée de mars, l'air est frais, et le jeune pilote sent avec satisfaction la chaleur se dégager du moteur dont les pétarades se transforment en un cliquetis régulier.

Il fait à son tour avancer son appareil. Un signaleur lui intime de fermer sa verrière. Il s'exécute; puis, tandis qu'il accélère sur la piste gazonnée, il sent avec fébrilité sa monture quitter le sol. Bientôt, son Hurricane est dépassé par le voilier de Spitfire. Le temps lui semble long. Au-dessus des nuages, il ne sait pas, tandis qu'il se rappelle à voix haute toutes les consignes de vol, que lui et ses compatriotes survolent la Manche et que, dès maintenant, ils entrent en zone adverse. Lorsque l'escadrille perce le couvert des nuages, il aperçoit le damier des campagnes françaises; des centaines de carrés beiges ou bruns attendant d'être semés en ce printemps 1942. Le décor, cependant, ne retient pas son attention très longtemps, car un comité d'accueil de la Luftwaffe les attend. Un essaim d'appareils arborant une croix noire fonce droit sur eux.

Cette fois-ci, c'est pour vrai! pense Henri, qui n'hésite pas à se livrer à quelques périlleuses acrobaties qui déstabilisent vraisemblablement les pilotes de Messerschmitt BF 109 rôdant dans le ciel d'Abbeville.

Les Boston anglais, des avions bimoteurs chargés de bombes, ont déjà commencé à libérer leur ventre de leurs sinistres décharges. Chaque projectile chutant du ciel se met à tournoyer sur lui-même; lorsqu'ils atteignent le sol, ils explosent et soulèvent un nuage de poussière, de bois, de tôle et de ciment broyé. L'effet rappelle à Henri celui des grenades sous-marines qui éclaboussaient le pont des corvettes, voilà quelques semaines, au beau milieu de l'océan Atlantique. Cette fois-ci, la violence des dégâts causés le laisse sans voix. Pourtant, ce spectacle ne doit pas le détourner de la raison qui l'a mené dans ce ciel. Dès qu'un Messerschmitt tente de s'approcher des lourds bombardiers, il le prend en chasse, sur les consignes précises dictées par Morrison, qui vole au-dessus de la mêlée.

Les Spitfire se montrent astucieux: lorsqu'un Messerschmitt se lance à leur poursuite, ils plongent. Ce n'est qu'une feinte. Les Allemands tentent de les suivre et, au dernier instant, les pilotes canadiens redressent leur avion en tirant brusquement sur leur manche à balai. L'Allemand ne réussit pas à reprendre de l'altitude et heurte le sol ou la cime des arbres. Henri tente le coup et découvre rapidement que son avion pique avec trop de vitesse. Le moteur tousse et cale. Réalisant qu'il est en train de noyer son carburateur, il opère un misérable redressement. Le moteur reprend son rythme, mais le Messerschmitt réussit à le rattraper. Une rafale de plombs claque alors sur l'aile droite du Hurricane. Par-dessus son épaule, il voit l'entoilage effiloché. Il comprend que sa seule chance de fuir son pourchasseur est de retourner dans les nuages. Il tente avec misère de gagner de l'altitude, mais son avion répond mal et il constate que des organes vitaux du moteur sont abîmés. L'appareil perd de l'huile. Il ne lui reste plus qu'à battre en retraite; il espère qu'il n'entraînera pas un ennemi dans sa fuite.

Les Boston ont rejeté leurs bombes et entament leur retour à la maison. L'adversaire de Henri vient de le lâcher pour s'accrocher à un autre appareil, qu'il entreprend de cribler de balles.

Henri comprend alors la situation : ce Spitfire est celui du chef de l'escadrille. Que faire? Enfonçant les gaz, il tente de rattraper son terrible adversaire. Mais tout se passe très vite. Le garçon, désespéré par la lenteur de sa monture, tire en vain quelques salves qui manquent leur cible. L'autre, déjà aux trousses du Spitfire de Morrison, ne fait pas de cas de son ridicule assaillant et décharge ses mitrailleuses.

Le chef d'escadrille est touché. Henri voit l'hélice de l'appareil de Morrison disparaître dans la fumée et le feu qui s'échappent du moteur. Puis, l'avion pique du nez, propulsé vers le sol, sans que son pilote puisse s'en extirper.

Cette scène le bouleverse. Ne tenant qu'à s'en tirer vivant, il met le cap à l'ouest, déterminé à rentrer sain et sauf à sa base. Le moteur proteste, mais tient le coup. Tant que son hélice continue de tourner, tout va bien. Seulement, les cliquetis réguliers auxquels il s'est habitué laissent place à des sons intermittents. Avant qu'il ne puisse rejoindre les autres aviateurs, le jeune pilote décide de perdre de l'altitude. Avec un peu de chance, le vieux Hurricane maintiendra sa vitesse et pourra se poser sans danger. Il prend alors contact avec la tour de contrôle de Wellingore :

— Avion touché. Je demande priorité d'atterrissage.

Il entend :

— Vous êtes troisième en ligne pour l'atterrissage. Faites une remise des gaz.

— *No way!* réplique Henri. Le moteur a des ratés. Fuite d'huile identifiée. Je demande un atterrissage d'urgence.

La réponse ne le satisfait pas ; on lui commande d'attendre qu'une piste soit libérée. Or, il perd maintenant de l'altitude et n'arrive pas à relever l'un des volets. Quelque chose est coincé. L'Allemand l'a bien eu ! L'appareil roule à gauche et à droite ; avant d'en perdre le contrôle, le jeune pilote doit faire un choix.

À la tour de contrôle, son interlocuteur lui intime de patienter. Henri pousse un juron. Maintenant, il a peur que son moteur prenne feu. Il n'arrivera jamais à prendre assez d'altitude pour sauter en parachute. Tant pis, il faut se décider. Il avise la voie périphérique. Ce n'est pas une piste, mais la longueur du chemin est suffisante. Des hommes plantés au beau milieu, qui regardent se poser un autre avion, encombrent les lieux. Ils l'aperçoivent et se dispersent en catastrophe.

Henri réduit encore les gaz et rabaisse les volets. Comme un oiseau s'approchant du sol, le Hurricane ralentit sa course. Les trains d'atterrissage sortent sans peine. L'appareil se pose docilement et, à cet instant précis, le moteur pousse un râlement qui surprend le pilote. Le capot libère un nuage de fumée noire.

De justesse ! pense-t-il, en dégageant avec empressement le toit de verre qui le sépare de l'air de la base de Wellingore.

L'avion finit sa course, placide, au bout de la piste. Le jeune pilote aimerait en bondir, victorieux, mais la fatigue a raison de son énergie. Ses jambes défaillent. Il trébuche et s'effondre, complètement exténué.

16

Coïncidences

Avril 1942

Le bilan de cette dernière expédition laisse un goût amer aux aviateurs de l'escadrille 412. Ils ne déplorent que deux pertes, les avions de Young et de Morrison, mais cela en décourage plus d'un. Perdre son chef d'escadrille est présage de malheur, soutiennent certains pilotes en regagnant leur logis. Henri découvre bientôt qu'au combat, les hommes de l'air se montrent étonnamment superstitieux. Patte de lapin, médaille de Saint-Christophe ou photo de leur amoureuse, en passant par un mouchoir brodé par leur mère, un rituel ou une prière, chacun y va d'un objet fétiche ou d'un geste coutumier pour défier le mauvais sort que les dieux du ciel peuvent jeter sur leurs périlleuses missions.

Mais qu'importe ces croyances, Henri, lui, est condamné à demeurer au sol; son vieux Hurricane a rendu l'âme, constate le mécanicien, qui déclare, en riant :

— Oh, oui, tu pourrais encore l'utiliser, mais pour aller chercher du lait ou du beurre au village !

Henri devient donc un pilote sans avion. C'est l'occasion, pour le lieutenant Sanders, de prendre sa revanche. Bien décidé à écarter Henri du pilotage, il l'expédie à des tâches routinières : livrer du matériel sur différentes bases avec Willy Wood.

— Nous ne payons pas les soldats à prendre du bon temps dans la campagne anglaise. Allez ! Au travail !

William et Henri se retrouvent ainsi sur le chemin de Moreton in Marsh pour y déposer un lot de boîtes de conserve.

— Être cloué au sol… quelle pitié ! se lamente Henri.

— Quoi donc ? Pendant que les autres risquent leur vie dans le ciel, nous, nous savourons l'air frais sur les grand-routes de Grande-Bretagne. C'est presque un luxe. Le carburant est rationné, après tout ! En plus, nous pouvons à l'occasion admirer de jolies filles à bicyclette.

— Willy ! En Angleterre, il pleut tout le temps. Il n'y a pas plus de soleil que de jolies filles dans les parages. Je ne me suis pas enrôlé pour faire la guerre aux fonctionnaires qui mélangent les cargaisons de salade de fruits en conserve avec celles de *corned-beef*, mais pour combattre les nazis. Les seuls que j'ai vus ont abattu mon chef d'escadrille sans que je puisse rien faire.

— Alors, tu veux te venger.

La vengeance. En effet, c'est ce qui l'obsède. Venger son chef d'escadrille, mais se venger, aussi, de ce lieutenant Sanders. Henri vient de recevoir une lettre de son cousin Laurent, qui veut lui parler dès qu'il aura l'occasion de se déplacer dans le Lincolnshire. L'information doit être très importante, puisqu'il ne dévoile rien dans sa missive. Il ne lui reste plus qu'à attendre. Et à livrer des conserves.

— De toute façon, reprend Willy, tu es bizarre. Tu pestes contre les boîtes de conserve, mais tu en traînes toujours une avec toi. Dans ton sac, là…

— C'est du sirop d'érable. Lorsque j'aurai le mal du pays, je le mangerai.

— Le pays ne te manque pas tant que cela.

Henri grimace. Ainsi, son embarrassant colis ne passe pas inaperçu. Autant porter le collier à son cou !

Le camion arrive à destination.

— Hé ! Camarades, est-ce que cela vous dirait, avant de rentrer, de passer par Springhill Lodge ? Il s'agit d'un camp de prisonniers. Il faudrait leur apporter des poches de vêtements.

Avant qu'il n'ait eu le temps de répliquer, Henri entend son chauffeur répondre, heureux, qu'ils sont là pour cela.

— Vraiment, Willy, tu n'aurais pas dû choisir l'aviation, mais le service postal.

— Allons ! Ne rechigne pas. Regarde ces paysages : ils sont presque aussi beaux que lorsque nous les contemplons des airs, lance William, heureux de serpenter à travers les vieilles routes, entre les maisons de pierre plus que centenaires, au beau milieu des terres, n'hésitant pas à faire des détours pour se remplir les yeux d'architecture ancienne. Il a donc l'occasion de voir Batsford House, Sezincote House, Middle Hill House et, bien sûr, Broadway Tower.

— Tu vois cette tour ? Magnifique, hein ?

L'endroit est en effet splendide, admet Henri. William lui apprend que l'édifice, planté au faîte d'une colline, n'a aucune autre utilité que d'enjoliver le paysage. Sur la route de Springhill Lodge, il révèle à Henri qu'il s'est enrôlé pour quitter sa campagne natale de Saskatchewan, « *tellement ennuyante qu'on ne pouvait pas même y mourir d'ennui, parce que la mort ne se résignait pas à y demeurer une seule minute* ».

— Je viens d'une grande famille, et il était hors de question, pour mes parents, de me payer des études. Blasé de lire des histoires et de rêver, j'ai décidé de vivre mon rêve dès l'heure où le Canada a déclaré la guerre à l'Allemagne.

Toutes les raisons sont bonnes pour s'enrôler, pense Henri en voyant devant eux s'ouvrir les portes du camp 185. Un gardien leur indique l'endroit où déposer le matériel :

— Voyez-vous ces gardiens et ce prisonnier, là-bas ? Ils vont vous aider à décharger le tout.

Ils reculent le véhicule contre la baraque en question.

— Dites, demande Henri, c'est pour nous encourager à leur tirer dans le dos que vous brodez en gros les lettres P.O.W. sur leur veste?

— P.O.W.? Cela signifie *Prisonner of war*. Présentement, nous avons avec nous des as du torpillage. Ils fainéantent aux frais du roi, avant d'être expédiés au Canada, explique le gardien.

La voix de Henri semble avoir piqué la curiosité du prisonnier, qui se retourne.

— Henri!

Oh non! Pas lui! pense-t-il en reconnaissant l'air réjoui de l'Oberleutnant zur See Engelmann. Quant à l'effet de surprise sur le gardien et sur Wood, il est complet.

— Je suis content de te revoir! Quelle coïncidence! s'exclame le prisonnier. Je vais te parler en français. Personne ne comprendra.

C'est bien là le problème. L'amabilité dont fait preuve Engelmann lui vaudra sans aucun doute quelques explications à fournir à ses compatriotes. L'homme est intarissable. Il parle avec un tel enthousiasme qu'il devient impossible à ignorer.

— Les Canadiens sont beaucoup plus amicaux avec les prisonniers. Ici, c'est très difficile. Les Anglais, ils en veulent beaucoup aux Allemands pour les bombardements sur Londres. Nous, les marins, ils nous harcèlent. Ce ne sont pourtant pas les sous-marins qui pilonnent les villes! explique Engelmann en portant les poches sur son épaule.

Puis, voyant que personne ne tente de les écouter, Heinrich dit enfin, à voix basse :

— Avez-vous du matériel à rapporter?

— Non. Nous faisons un extra pour permettre à mon confrère de voir du pays avant que les avions du gros Goering aient tout bombardé [14].

— C'est bien dommage.

— Ne me dis pas que tu comptais te cacher dans le camion!

Englemann, surpris par la déduction du garçon, nie. Mais Henri n'est pas dupe.

14 Hermann Goering était le chef de l'aviation militaire allemande, nommée la Luftwaffe.

— Il est hors de question que j'aide un sale torpilleur à s'enfuir ! Tu m'entends ?

— Mais… Tu auras une partie de mon trésor si…

— Ah ! Encore cette histoire ! Décidément, ce n'est pas dans une prison, mais à l'asile qu'on aurait dû t'envoyer ! Tu mériterais que je t'attache à une bombe pour te larguer sur l'Allemagne avec six tonnes d'explosifs.

De retour sur la route, William constate que son confrère ne décolère pas. Henri lui raconte comment il en est venu à connaître Engelmann. Il lui explique que l'Allemand est profondément convaincu que son pays remportera la guerre. Mais il se garde bien de lui dévoiler cette grotesque histoire de trésor, à laquelle il voudrait pourtant bien croire !

— Il ne faut pas en vouloir à cet Allemand. C'est un soldat. Comme nous. Si nous étions à sa place, nous ferions la même chose. Tu sais, le premier devoir du prisonnier militaire, c'est d'essayer de se sauver. Allez ! Pour oublier cela, je t'invite à avoir une panne de camion.

— Hein, quoi ?

— Depuis deux ans que je suis en Angleterre, je n'ai pas encore mis les pieds à Londres. Alors, allons-y.

— Mais nous nous ferons blâmer ! C'est une journée de perdue, cela ! Sanders va nous réprimander.

— Pas si nous avons une panne ! Dès que nous arrêtons dans la City, je prends contact avec notre base sous prétexte que le moteur a des ennuis et je leur dis que j'y verrai aussitôt qu'il fera clair, c'est-à-dire demain.

Henri éclate de rire. Décidément, ce Willy est un drôle de numéro. Le véhicule militaire s'immobilise en plein cœur de la capitale anglaise à la fin du jour. Malin, William fait apparaître leurs uniformes qu'il avait cachés derrière le siège. Henri s'esclaffe à nouveau ; son compagnon avait prévu le coup.

— Avec un coup de fer, ils seront impeccables ! s'exclame-t-il, avant de choisir, pour leur hébergement, l'hôtel qui aura le plus grand impact sur leur portefeuille : le Ritz. Le temps d'envoyer un message à Wellingore, les deux soldats partent à l'assaut de la ville. Trafalgar Square, Westminster, le London Bridge, Buckingham Palace ; allant d'une station à l'autre par les tunnels du métro, ils découvrent avec étonnement la capitale anglaise, mais aussi le flegme britannique qu'ils écorchent de leur rire franc à chaque blague inventée. La vision, enfin, des dommages causés par la guerre les ramène à la réalité.

De nombreuses rues détruites, des maisons éventrées, laissant à la vue de tous des intérieurs de logements ravagés. Ces parties de la ville meurtrie les troublent profondément. Et pourtant, partout où ils vont, les Londoniens les saluent avec amabilité, et une étrange sensation de fierté honteuse les envahit. Qui sont-ils pour mériter une telle déférence? Deux jeunes Canadiens venus de villages inconnus, de l'autre côté de l'Atlantique. Deux simples soldats, au visage encore frais, aux cheveux coupés de près, médusés, sous leur calot incliné, par les dégâts qui ne semblent pas affecter le moral des stoïques Anglais, amaigris, mais fiers. Ils s'approchent d'eux, leur tendent la main, les remercient.

— Est-ce moi qui comprends mal l'anglais, ou vous me dites vraiment merci? finit par prononcer Henri à une vieille dame qu'ils croisent à Piccadilly Circus, où la fontaine a été retirée pour la protéger des attaques aériennes.

— Il y a deux ans, ce sont des Canadiens français qui ont été responsables de la garde du palais royal de Buckingham. Tous les ordres se donnaient dans la langue de Molière. Au début, cela nous a surpris. Mais en fin de compte, nous sommes restés très impressionnés de voir des soldats venus d'une colonie assumer ce rôle avec un si grand sérieux ! Allez visiter Hyde Park, tout près. Vous comprendrez combien le soutien des Canadiens nous est précieux, à nous, Londoniens.

Le parc public a été transformé en immense potager. Henri comprend maintenant l'ampleur de la menace des U-Boote qui sillonnent l'Atlantique ; en coulant les convois alliés, ils privent l'Angleterre de milliers de tonnes de nourriture et d'autres denrées nécessaires à la survie. Hitler veut venir à bout de la résistance des Anglais en les affamant. Pour survivre, les Londoniens n'hésitent pas à remplacer les rosiers de leurs jardins par des plants de tomates et de concombres. Aussi font-ils pousser de la laitue. L'Angleterre tout entière est une île assiégée, et le soutien du Canada, à la vue des sacrifices qui se vivent au quotidien dans la *City*, prend tout son sens, et toute son importance.

Or, la nuit s'est installée, plongeant les rues dans une inquiétante obscurité. Le couvre-feu impose une discipline que la ville respecte scrupuleusement. Les deux touristes en uniforme repartent vers l'hôtel, où ils constatent qu'une soirée de bal se tient, malgré l'austérité imposée par la guerre.

— *My God!* Regarde cette femme qui descend de la voiture, là!

De l'autre côté de la rue, une jeune femme, la tête droite, élégante dans une robe de soirée, vient de poser le pied sur le trottoir. William est hypnotisé par sa beauté. Henri la distingue mal; la noirceur voile ses traits.

— Crois-tu qu'il s'agit de la reine d'Angleterre? demande Wood, émerveillé.

— Ne sois pas idiot. C'est seulement une pauvre fille qui n'a pas compris que nous sommes en temps de guerre et qu'il est très mal avisé de se promener en robe d'apparat et parée de tels bijoux, alors que ses compatriotes meurent de faim.

— En tout cas, elle a de la suite dans les idées, puisque ses chaussures sont assorties à la couleur de sa Bentley.

Le temps de traverser la rue, ils la perdent de vue. Ils regagnent à leur tour l'hôtel dans lequel la lumière, vive, presque joyeuse, les fait basculer dans un autre monde. Dans un grand salon, une réception mondaine a cours. L'événement a été commandé pour soutenir la Croix-Rouge, qui fournit une large part de l'aide humanitaire aux victimes de la guerre. Willy, que rien n'arrête, invite Henri à s'y mêler. Leur uniforme semble leur servir de laissez-passer, puisque personne ne les intercepte à la porte de la salle. Beaucoup d'hommes en smoking et quelques-uns en costume militaire s'y trouvent, accompagnés, pour la plupart, de jolies dames qui discutent en buvant des cocktails. Un orchestre joue des musiques jazz ; les airs connus qui sortent des trombones et des trompettes réconfortent les conviés. Un buffet est servi, des gens dansent.

— On pourrait croire que la guerre n'a pas lieu, fait remarquer Henri en acceptant une tasse de thé.

— Guerre ou pas, moi, ce soir, j'attaque. Il y a sans doute quelques célibataires parmi toutes ces beautés, lance William, un verre de whisky à la main.

Le jeune Canadien français voit disparaître son confrère dans la salle. Demeuré seul, il devient songeur. En anglais, il sait bien discuter affaires militaires avec d'autres soldats, mais séduire une femme dans la langue de Shakespeare, voilà un exercice périlleux. À Summerside, avec Salomé, c'était tout différent. Les dignitaires londoniennes, dans leurs opulentes robes, sont loin de la jeune secrétaire entreprenante qui lui parlait d'amour sans pudeur. Puis, un coup d'œil lui suffit pour estimer que, ce soir, il est sans doute le plus jeune de tout ce gratin. Heureusement, l'orchestre joue *Song of India*; il adore la musique de big band, et particulièrement celle de Tommy Dorsey et du fameux Glen Miller. Il a rarement pu voir de véritables orchestres jazz, et tous ces cuivres luisants l'émerveillent. Il ne s'écoule pas quinze minutes avant que William ne revienne accompagné d'une femme qu'il lui présente et dont Henri oublie instantanément le prénom. Ils s'installent tous les trois à une table, mais il est clair que ce nouveau couple n'a invité Henri que par pure politesse; les deux échangent avec passion sur des exploits de l'air qu'invente Willy. Après quelques phrases, William Wood s'est métamorphosé en un fils de ministre canadien qui a abattu son septième avion ennemi et qui s'apprête à recevoir honneurs et médailles.

Lassé de jouer au figurant, Henri n'a plus qu'une envie : écouter encore un peu de jazz et aller se coucher. Il se lève, mais une main posée sur son épaule le surprend. Une voix à l'accent français lui dit :

— *May I sit down with you, young man?*

— *Of course, milady,* répond-il d'une voix empreinte de courtoisie, sans regarder son interlocutrice, en s'apprêtant à tirer une chaise.

Mais il relève les yeux et reste sans voix, la bouche béante. La robe, les bijoux, le port de tête… L'élégante dame à la Bentley! Elle-même paraît surprise. Puis, il se rend compte qu'il connaît, sous le maquillage, la coiffure, le buste décolleté et les perles de nacre, l'identité de cette femme splendide et désarmante. Marguerite Couture!

— Marguerite!

— Henri! Vous, ici? Comment se fait-il que…

— Ce serait plutôt à moi de vous demander ce que vous faites ici. Et dans cette tenue!

— Et la vôtre! s'exclame celle qu'il avait sauvée de l'assaut de deux marauds, à la fin de l'été précédent, au fond d'une cour de la basse-ville de Québec. Mais, votre âge… Vous n'êtes qu'un collégien!

— Et… et vous, répond rapidement Henri qui se ressaisit. Vous et votre machine à écrire du Petit Séminaire de Québec?

— J'ai été engagée par un haut fonctionnaire du ministère de la Défense nationale. Il est en mission ici et…

Elle hésite. Il en profite.

— Et vous l'aimez, bien entendu, ajoute Henri en comprenant que seuls des motifs aussi « impérieux » pourraient inciter un haut fonctionnaire à emmener sa secrétaire plutôt que d'en engager une sur place. Ce genre de motif s'invente bien lorsqu'il s'agit de glisser sa maîtresse dans ses bagages.

— Henri! Vous êtes toujours aussi impertinent!

— Ne me faites pas croire que ce sont vos compétences qui ont obligé l'armée cana-dienne à vous faire traverser un océan peuplé de sous-marins allemands.

— Oh ! Vos sous-entendus à propos de Rupert sont inacceptables !

— Rupert ! On appelle son patron par son petit nom, maintenant.

— Rupert est responsable d'un bureau de liaison entre la RAF et la RCAF.

— Quant à vous, je me demande bien quel genre de liaison…

Marguerite freine l'élan de sa main à quelques centimètres du visage de Henri.

— Allez-y ! Envoyez-la, votre claque. Je ne vous en voudrai pas pour autant.

— Vous avez bu.

— Pas une goutte. Je n'ai pas l'âge, répond-il, sarcastique.

Maintenant, la salle est comble. C'est une soirée mondaine et nul convive, sur les parquets cirés de l'hôtel, ne fait attention à son voisin. La musique hache les conversations. Personne ne s'entend, mais personne ne s'écoute non plus. D'une discussion à l'autre, les propos sont soit légers, soit trop lourds ; les blagues s'envolent en éclats de rire, alors que les réflexions sérieuses se perdent dans des bâillements embarrassants. Quelques jeunes coqs en uniforme d'officier, la casquette sous le bras, cachent mal leur déception de voir cette belle demoiselle à l'accent français se rapprocher du petit aviateur canadien. Marguerite et Henri ne les voient pas : ils se tiennent tête. À cet instant précis, alors que la rumeur des bavardages leur semble lointaine, les mêmes pensées naissent dans leur esprit. Les mêmes questions. Les mêmes attentes. Après tout, ils viennent du même pays, parlent la même langue, éprouvent la même nostalgie.

Ni l'un ni l'autre ne veut jeter les armes, mais ni l'un ni l'autre ne veut blesser son vis-à-vis. Aucun des deux ne veut avoir tort, sans pour autant souhaiter que l'autre lui donne raison. Entre l'émoi et l'orgueil, une lueur vient de naître dans leurs yeux. S'ils ne la lisent pas dans le regard de l'autre, ils la sentent s'emparer d'eux. Mais nul ne veut croire à ce sentiment. *Un enfant en uniforme !* se dit-elle pour se convaincre.

Une secrétaire d'école en robe de bal ! se répète-t-il.

Une seule parole sort de la bouche de Henri :

— Voulez-vous danser ?

— Vraiment, vous êtes jeune, sot et incroyablement effronté, soupire Marguerite en acceptant l'invitation.

L'orchestre joue *I'm Getting Sentimental Over You*. Le slow, sans doute autant que le parfum et la nuque de Marguerite envoûtent Henri, qui se presse contre sa partenaire.

— Vous avez de magnifiques bijoux, pour une secrétaire.

— Et vous, de drôles de remarques, pour un soldat. Devrai-je avoir peur de me les faire voler ?

La question désarçonne un instant Henri, qui revoit dans sa tête le collier de madame Boissard, bien caché au fond de sa boîte de conserve. Du coin de l'œil, il remarque l'ombre d'un sourire disparaître des lèvres de Marguerite. Elle ajoute :

— J'oubliais que vous, ce n'est que dans le ciel que vous volez.

Il ignore sa réplique et demande :

— Et où se trouve-t-il, votre Rupert ?

— Au bureau. Il a été retenu.

— Donc, vous êtes seule.

— Incroyablement seule, soupire-t-elle, en appuyant sa tête sur l'épaule du jeune homme qui murmure :

— Et vous ne vous dites pas que vous vous contentez d'un simple colonial, alors que je compte au moins six ou sept officiers, ici, qui me dévisagent avec envie ? Qui plus est, il y en a sans doute quelques-uns issus de l'*establishment* anglais.

— Oui, mais eux, ils sont vieux.

— Celui-là, à ma gauche, il n'a pas plus de vingt-cinq ans.

— Taisez-vous, je vous en prie.

Pour Henri, la situation semble surréaliste. Il préfère décidément cette rencontre à celle, plus tôt dans la journée, avec le prisonnier allemand. La soirée passe très rapidement, malgré leur conversation superficielle. On a averti tous les soldats de ne rien révéler au sujet de leurs fonctions, de l'équipement présent sur leur base, de leurs missions. Il paraît que Londres fourmille d'espions à l'oreille tendue qui se font passer pour vos amis pour mieux vous tirer les vers du nez. Comment savoir si

Marguerite est bel et bien au service du gouvernement, et non du côté de l'ennemi ? Elle aussi se montre avare d'information. Ils réalisent néanmoins qu'ils ont traversé l'Atlantique sur deux navires différents, à bord du même convoi. Marguerite sourit à cette coïncidence et lève son verre. La salle s'est déjà dégarnie ; William a quitté les lieux avec sa conquête d'un soir. L'orchestre s'est essoufflé. Les danseurs aussi.

— Vous devez avoir l'impression de passer la soirée avec un enfant, dit Henri, qui se contente de sa tasse de thé tiède.

— Au contraire. Il y a longtemps que je n'ai pas eu le plaisir de converser toute une soirée en français.

Elle regarde sa montre-bracelet, et lance :

— Mon Dieu ! Henri, il se fait tard. Je dois aller.

— Rejoindre Rupert ? Vous m'en voyez désolé. Mon collègue m'a moi-même abandonné. J'ai une chambre, là-haut.

— Vous n'êtes pas sérieux ! dit-elle, mêlant dans sa voix regrets et reproches. Nous reverrons-nous ?

— Je l'ignore. Notre escadrille sera redirigée.

— À Martlesham Heath, je suis au courant.

— Comment savez-vous cela? demande Henri, étonné.

— Secrets militaires, répond encore Marguerite en ramassant son sac à main.

Il l'accompagne jusqu'à la Bentley, qui attend, phares éteints, dans la sombre capitale anglaise. Il tient la portière, puis avance ses lèvres, qui s'approchent de celles de la secrétaire bien vêtue. En vain.

— Henri, vous n'êtes pas sérieux.

— C'est vous qui l'êtes trop.

— Justement, vous ne voulez que vous amuser.

— Dès que je retournerai au front, je passerai mes journées à être sérieux.

Elle le regarde encore un peu. Il devine son œil triste. La portière se referme, et la Bentley disparaît dans la nuit. Henri rebrousse chemin, monte à son étage et regagne sa chambre où il surprend William, plongé dans son lit.

— Quoi? Ne devais-tu pas passer la nuit avec une riche Anglaise, dit-il en le voyant s'extirper des couvertures.

— Tais-toi et va te coucher, idiot! bougonne Willy, vraisemblablement déçu par la tournure des événements.

17

Entre Daisy et Gloria

Martlesham Heath – Mai 1942

Depuis son arrivée à Martlesham Heath, Henri a repris les commandes d'un appareil. Tous les jours, il visite son alvéole et inspecte cette rutilante machine : un Spitfire Mark IIA presque neuf, sur lequel il a peint une fleur. Une marguerite dont les pétales se perdent dans le vert de la peinture réglementaire. À côté, en blanc immaculé, le surnom de l'avion : *Daisy*. Sous son capot : un fougueux moteur Rolls-Royce Merlin à douze cylindres en V. Équipée de deux canons et de quatre mitrailleuses, sa monture fait l'envie des armées aériennes du monde entier. Il l'astique avec orgueil. Ses confrères en font autant, et leurs supérieurs les laissent enjoliver leur appareil de surprenantes peintures de guerre. Chaque adversaire abattu s'ajoute sur les flancs des carlingues à l'aide d'une étrange comptabilité. L'un dessine trois bombes, l'autre exhibe fièrement sept croix gammées…

Les pilotes de guerre fanfaronnent spontanément ; piloter de tels engins, abattre des avions allemands, revenir vivant, la tôle criblée de balles, n'est-ce pas ce qui offre les meilleures histoires à raconter ? N'est-ce pas ce qui plaît aux femmes ? Ils sont des héros, des artistes du ciel, les idoles des enfants qui les saluent, raides comme des soldats de plomb.

Quant à l'ambiance, sur la base, elle est à la camaraderie et à la braverie. La peur veille au fond de chaque aviateur. Ils savent tous que chaque sortie les mène au seuil de la mort et c'est dans l'humour, la prière ou l'amitié qu'ils puisent le courage d'affronter la prochaine mission. Entre ces hommes règne une singulière solidarité : tous se comprennent, personne ne se compare. S'ils ne parlent jamais de ceux qui laissent leur vie au combat, ce n'est pas parce qu'ils les oublient ; c'est pour ne pas faiblir durant un affrontement et y laisser leur peau. Seuls ceux ayant vu l'un des leurs piquer vers le sol, en flammes, tandis qu'un Allemand leur tirait dessus, savent ce que signifient ces tapes réconfortantes sur l'épaule, ou ces accolades fraternelles, données à leur retour de mission, alors qu'ils sont sains et saufs.

Même s'il n'a que dix-sept ans, Henri fait partie de l'équipe. Les autres ne sont guère plus vieux : vingt, vingt-deux ans. Il lui semble néanmoins qu'un monde le sépare de ces hommes qui bravent les attaques adverses depuis deux ans. Mais l'esprit de solidarité apporte aussi son lot de taquineries, et le jeune âge d'Henri fait de lui une cible idéale.

Timothée est son ailier. Lors de leurs vols, ils se couvrent mutuellement. Lorsqu'un adversaire part aux trousses de l'un, l'autre pourchasse l'indésirable. L'appareil de son ami est aisé à reconnaître. L'emblème de l'escadrille 412 est un faucon, et Tim en a peint un sur le nez de son Spitfire. Il s'agit d'une immense tête d'oiseau rousse au bec fourchu. S'ils espèrent tous deux abattre les oiseaux de fer que l'Allemagne lance à leurs trousses, leur priorité demeure toujours la même : revenir sains et saufs de leurs missions.

Un soir, *Daisy* se pose sur la piste de Martlesham Heath en comptant trois avions abattus. On porte son jeune pilote en héros. Henri est encore plus fier ; pour chaque avion touché, un parachute s'est ouvert. Il s'endort ainsi avec la fierté d'abattre des appareils sans faucher de vie humaine. Pourtant, il n'ignore pas que ces pilotes, une fois au sol, reprendront les commandes d'un nouvel avion. Le lendemain, alors que le soleil dore la peau des hommes au repos, Henri s'amuse à peindre trois petites fleurs sur la tôle du Spitfire. Aussitôt, on le surnomme *The Gardener*.

— Dis donc, c'est tout un bouquet que tu te confectionnes là, déclare Timothée sur un ton amusé.

Ce qu'il ne dit pas, c'est que derrière chaque dessin fleurit le visage de Marguerite. Marguerite, qui ne répond pas à ses lettres. Marguerite, dont il rêve avec violence. Marguerite, dont il n'a rien dit à son ami, même s'il a fini par lui révéler sa rupture avec Jane. Tim s'en est d'ailleurs avoué déçu : il aurait bien aimé l'avoir comme beau-frère.

Étonnamment, Ruby demeure le sujet marginal de leurs conversations. Timothée répète bien, parfois, qu'il gardera son parachute de soie pour faire tailler dedans la robe de mariage de la future madame Ward. Pourtant, jamais il ne fait allusion à la grossesse de cette dernière.

Est-il seulement au courant ? En comptant les mois, Henri réalise que l'enfant naîtra bientôt.

Somme toute, la vie des hommes sur un aéroport militaire ressemble à celle qu'ils avaient à l'école d'aviation. Quand la crainte de la mort desserre son étreinte, on fanfaronne, on se taquine, on plaisante, on s'esclaffe. On veille à la belle étoile, on sort en groupe, on se remplit la tête de bruits, on fait les quatre cents coups lorsque les supérieurs s'absentent. Mais il est un domaine où les effets de la guerre se ressentent toujours, ne leur accordant aucun répit : dès que le cœur se met à battre pour une jolie fille, l'amour devient un sujet proscrit.

**

Chaque matin qui éveille la base de Martlesham Heath ressemble à celui de la veille. On voit au petit jour le pas incertain des aviateurs ayant passé leur soirée dans la ville voisine, Ipswich, pour fêter ou pour oublier. Fêter leur retour après une patrouille, ou oublier l'absence de ceux qui n'en sont pas revenus.

Si bien que chaque soir, aussi, ressemble au soir précédent. Seuls, parfois, les visages changent. De nouveaux pilotes arrivent des

OTU, remplaçant ceux qui ne reviennent pas du front. À la guerre, les jeunes hommes fiers et insouciants ont tous les mêmes traits.

Ces soirs-là, Henri préfère monter sur une bicyclette et foncer tout droit jusqu'à Felixstowe. La ville, sur le bord de la Manche, possédait, avant la guerre, un splendide quai, fierté des habitants de l'endroit. De crainte que les Allemands s'en emparent, on l'a démantelé. Henri s'y rend souvent, seul, le soir, pour y déambuler en poussant son vélo. Le regard jeté sur l'horizon, il espère le jour où toutes ces missions se transformeront en une réelle attaque qui, enfin, permettra aux Alliés de marcher sur le continent européen.

— Ne me dis pas que c'est toi qui es passé au-dessus de la maison…

Voilà Gloria. Elle vient parfois le rejoindre sur la jetée du port de Felixstowe.

— T'ai-je impressionnée ?

— Tu ne devrais pas faire ce genre d'acrobatie !

— Le Spitfire est un avion exceptionnel. C'est un péché de ne pas l'utiliser pour éblouir une jolie fille comme toi.

Gloria Mitchell a vingt ans. L'an dernier, elle s'est fiancée à un opérateur radio affecté à un bombardier. Il n'est pas revenu de sa dernière mission. Comme tout le reste de l'équipage, on suppose qu'il n'a pas pu survivre; l'appareil s'est écrasé lors d'une opération au-dessus de la France. La Croix-Rouge ne l'a pas identifié comme prisonnier de guerre. Chaque soir, et peu importe le temps qu'il fait, la jeune femme se dirige vers le port de Felixstowe pour se recueillir sous les étoiles. Mais depuis quelques jours déjà, elle regarde moins les astres du ciel que ceux brillant dans les yeux de Henri. Il est beau, il est galant, drôlement flatteur, et son accent atroce lui donne envie, à elle, de pratiquer son français. Dès qu'il est là, ils rient ensemble, et elle se sent revivre.

Henri, lui, la regarde avec plaisir : elle était une jeune femme triste lorsqu'il l'a connue, et elle semble être redevenue une demoiselle rieuse et un peu étourdie. Son corps, comme ses pommettes, son regard et ses cheveux détachés, tout en elle est plein de vie. Lorsqu'il a découvert cet endroit ravagé par les impératifs de la guerre, ils allaient, tous deux, chacun à leur bout de la jetée. Henri sentait qu'il envahissait son territoire, son lieu de méditation. Il avait voulu s'en excuser et c'est ainsi qu'il l'avait abordée.

Il prétendait avoir vingt ans; elle avait fait semblant de le croire. Depuis, il s'est développé entre eux une complicité dépassant les sentiments amoureux. Bien sûr, ils se plaisent; mais elle ne peut oublier John et, lui, ne peut faire abstraction de ces heures passées au contact de Marguerite. Mais John est mort. Et Marguerite ne répond pas aux lettres qu'Henri lui envoie. Cantonné dans sa base du Suffolk, il ne voit aucune façon de la retrouver dans cette Angleterre sur un pied d'alerte. Ensemble, Henri et Gloria se sentent comme deux radeaux arrimés l'un à l'autre, flottant sur les eaux d'une guerre qui les dépasse. Elle, confrontée à son deuil, et lui, à des sentiments d'adulte, alors qu'il n'est encore qu'un grand adolescent.

Ils n'ignorent ni l'un ni l'autre que la guerre peut d'un seul coup, impitoyable, détruire tout ce qu'ils désirent. Et plus les jours passent, plus ils ont du mal à s'embarrasser des *convenances*, ce mot que prononce Henri en rougissant, lorsqu'elle s'approche tout près de lui.

Comme tous les autres aviateurs, Henri est conscient que sa prochaine mission pourrait être sa dernière. Il ne veut pas qu'elle surmonte un deuxième deuil. Quant à Gloria, elle sent que le cœur de Henri bat pour une autre. Et pourtant, ils ont besoin de ces soirées passées ensemble, plus que du soleil qui se lève sur chaque lendemain.

Ils en profitent, le dimanche, pour pique-niquer face à la Manche, sur les dunes entourant la petite ville portuaire. La nourriture est rationnée à Felixstowe comme ailleurs. Henri remplit son panier d'aliments qu'il subtilise avec la complicité d'un cuisinier de l'aéroport. À ces denrées s'ajoutent des fleurs sauvages volées aux fossés, sur son chemin, pour en garnir la chevelure de Gloria. La jeune fille rit aux éclats lorsqu'ils courent tous les deux dans la campagne. Loin des regards indiscrets, ils s'allongent devant le large, froissent la nappe, oublient leur pique-nique et profitent des instants d'intimité qui s'offrent, pour s'embrasser, tandis que, parfois, leurs silences, comme leurs mots d'amour, se perdent dans le tapage des moteurs d'avion qui passent, en escadres, dans le ciel clair.

***

— Alors, encore à flirter avec la fille de Felixstowe?

Henri partage son logement avec William Wood. Il le retrouve, adossé à une pile d'oreillers, un roman policier ouvert devant lui.

— Flirter, moi? Voyons! répond-il, la voix amusée.

— Ne fais pas l'innocent! Tu tentes de séduire une jolie Anglaise, mais ton cœur appartient à cette mystérieuse *Daisy*. Tu devrais être plus sérieux. Prends exemple sur moi.

— Toi? Toi et qui? L'épouse du commandant de l'aérodrome?

— Grand idiot! Avec ma Londonienne. Tu te souviens?

— Ah, oui, la chauve avec des dentiers! dit Henri en tirant sur son oreiller, que Willy a volé pour s'installer dans sa couchette comme s'il s'agissait d'un fauteuil.

— Cesse de dire des stupidités. Depuis que je suis arrivé à Martlesham Heath, je lui ai écrit que j'ai recommencé à piloter. Je crois que c'est tout ce qui manquait pour lui plaire. Encore une patrouille, demain, et j'aurai quarante-huit heures de permission. *Goodbye*, les sales bars d'Ipswich, *hello* les grands restos de Londres! Eh! Tu m'écoutes quand je te parle?

Henri vient d'éteindre la lampe. Il a rabattu la couverture sur sa tête. William lui lance son roman. Pour seule réponse, il entend la voix étouffée de son voisin :

— Manqué ! Si j'étais un Allemand, je n'aurais pas peur de ton zinc ! Tu vises mal !

— C'est tout de même mieux que de ne pas viser du tout !

— Eh ! J'ai abattu trois avions !

— Je ne parlais pas de tes missions, mais plutôt de tes deux amours ! Il faudrait te brancher, mon vieux. Au fait, as-tu des nouvelles de ta Québécoise ?

— Elle n'a pas répondu à mes lettres, déplore Henri, toujours sous les draps.

— Ton cœur penche du côté de la silencieuse Marguerite. Si tu veux mon avis, elle ne te répond pas parce qu'elle te trouve trop jeune.

— Je ne veux pas ton avis.

— Je te le donne quand même. Oublie Marguerite et fais comme nous tous. Prends une Anglaise. Elles sont libres, jolies, éplorées et prêtes à se jeter dans les bras du premier venu. À condition qu'il soit beau. Eh ! Eh ! Eh !

— Dans ce cas, la tienne a besoin de lunettes, dit Henri sur un ton railleur.

— Alors, qu'est-ce qui vous empêche de passer à l'action, toi et la Gloria?

— La guerre, Willy. La guerre, soupire encore le jeune romantique, le cœur lourd, en se retournant dans son lit, dont il considère la chaleur comme seul réconfort et seule compagne.

***

Au petit matin, tandis que tous dorment encore sur la base de Martlesham Heath, la sirène retentit. Cette plainte annonce toujours de mauvaises nouvelles. D'habitude, lorsque l'alarme se fait entendre, c'est que des bombardiers allemands s'apprêtent à arroser d'explosifs des positions stratégiques, larguant leurs bombes destructrices sur des sites vitaux pour l'économie ou la survie de l'île anglaise. Il arrive que des chasseurs-bombardiers s'avancent jusqu'au-dessus des bases aériennes, jetant leurs charges meurtrières ou tirant à bout portant sur les malheureux demeurés sur la piste. L'avion privilégié pour ces attaques-surprises se nomme Stuka. Cet oiseau de fer aux ailes en *W* est connu pour ses terrifiantes performances en piqué. Lorsque les meutes du ciel apparaissent, ces avions plongent à quatre-vingt-dix degrés vers leur cible.

Arme psychologique, le bruit de leur descente est amplifié par les trompettes de Jéricho : des sirènes qui s'activent lorsque l'air les traverse, et qui produisent un cri strident qui terrifie les gens au sol.

À cette époque, grâce à une ceinture ininterrompue de radars plantés tout le long de ses côtes, l'Angleterre était prévenue de toute intrusion aérienne sur son territoire, au grand déplaisir des Allemands. Les alarmes rugissaient alors sur le tarmac de tous les aéroports militaires. En quelques instants, aviateurs et opérateurs de la défense antiaérienne se mettaient sur le qui-vive. C'est ainsi que William, au bruit de l'alarme, sort de son lit pour se jeter sur sa combinaison et fonce à toutes jambes vers son avion, tandis que l'on vient à sa rencontre pour l'informer sommairement de l'origine de l'alerte.

La chorale des Spitfire se met en marche et, un à un, une demi-douzaine de bolides s'élèvent au soleil naissant. Les avions allemands se heurteront, dans leur mission, à une barrière de pilotes coriaces qui les attendent de pied ferme.

Le combat se déroule au loin. Si loin que les occupants de Martlesham Heath se rendorment bientôt. Pourtant, une seconde alarme les prévient qu'un des leurs sera contraint à un atterrissage d'urgence. Sur le pas de sa Nissen Hut, Henri voit revenir un avion qui tressaute maladroitement dans l'air frais du matin. Le pilote, sans doute aveuglé par la fumée échappée du moteur, peine à trouver l'orée de la piste gazonnée. Habile, il réussit à modérer sa descente en freinant sa vitesse grâce au jeu des volets des ailes de son coucou. On dirait que l'avion en détresse s'est immobilisé entre ciel et terre.

Tous retiennent leur souffle.

Mais ralentir un tel engin, lancé à pleine vitesse, s'avère compliqué. Si le pilote ne parvient pas à déployer ses trains d'atterrissage, sa manœuvre deviendra périlleuse. Les roues demeurent à l'intérieur. Le choc de l'appareil avec le sol est terrible. Des éclats de l'hélice se brisant volent de tous côtés. La friction du ventre de l'avion sur l'herbe humide accélère la course du Spitfire qui file jusqu'au bout de la piste, incontrôlable. Happant un parapet, l'appareil culbute et se fracasse en capotant, causant à cet instant un incendie qui embrase la carcasse.

Le spectacle qu'offrent l'ambulance militaire et le service d'incendie de l'aéroport luttant en vain trouble l'audience ; le pilote ne s'en sortira pas.

Enfin, trois autres chasseurs reviennent sans encombre, mais le mal est fait. Sur la base, l'ambiance est lourde. À mi-voix, on fait le calcul : deux chasseurs ne sont pas revenus de cette mission. Mais ceux-là, morts au front, troublent moins l'esprit des occupants de la base que le seul spectacle du Spitfire qui s'est enflammé sous leurs yeux.

Le déjeuner servi se compose d'œufs, de bacon et de café. On bavarde sans entrain. Henri n'ose pas se mêler à la conversation. Les mots se nouent dans sa gorge et l'étouffent. Il a compris que William est l'un des pilotes manquant à l'appel.

18

Frôler la mort

Martlesham Heath – Mai 1942

La mort de William a provoqué chez Henri un sentiment d'urgence. Marguerite. Il doit savoir si Marguerite l'aime. Lui exprimer ses sentiments. Pourtant, il la connaît si peu. Quelques rencontres fortuites qui ne devaient pas avoir lieu. Quelques coïncidences surréalistes qui les ont mis l'un et l'autre sur le même chemin. Superstitieux, Henri se convainc que ces hasards les unissent. Il doit la revoir.

Les nouvelles du front, quant à elles, s'avèrent un véritable cauchemar : les Japonais contrôlent les Philippines, en plein Pacifique. En Afrique du Nord, les Allemands progressent. L'île de Malte est pilonnée par les forces de l'Axe. Si la guerre venait à être perdue, Henri est persuadé qu'il ne lui resterait plus une seule raison d'exister. Il ne dort plus. Il se porte volontaire pour chaque mission. Ses compatriotes, inquiets, positionnent son appareil à l'arrière de leur formation. Il est le *Tail End Charlie*; il est à la fois vulnérable et bien protégé.

Un jour, alors que lui et ses coéquipiers fouettent le ciel, le chef d'escadrille entend dans ses oreilles la voix catégorique de Henri :

— Ennemi droit devant. Au moins deux appareils en vue.

Le chef n'en croit pas ses yeux. Tirant de l'arrière, le jeune Léveillée est néanmoins le premier à annoncer le combat.

Très vite, son avion entre dans la bataille. Le combat sera court et violent. Choisir son adversaire, l'attaquer, puis battre en retraite. Tout autour : le ciel. En bas : le sol de Normandie. Le dangereux ballet auquel s'adonnent les avions-chasseurs trace d'éphémères scribouillages dans ce champ de bataille céleste.

Henri se cramponne à son manche à balai, qu'il manœuvre avec dextérité. Mais la mort rôde dans le cockpit : s'il ne tue pas, il sera tué. Ses pouces tremblent sur le bouton placé au sommet de la poignée. Quand il appuiera dessus, le Messerschmitt BF109 qui le précède entrera dans une danse dont un seul d'entre eux sortira vivant. Mais il est encore trop loin. À une si grande distance, il sait que sa cible, rapide, agile et bien entraînée, peut s'en sortir facilement.

Il verrouille sa ceinture et accélère. Il sent son corps se plaquer contre le siège. Une bouffée de chaleur l'envahit. Son cœur bat fort. Il s'approche à une telle vitesse qu'il espère prendre l'adversaire par surprise. Voilà! L'ennemi est dans sa mire. Il faut faire vite. À quatre cents kilomètres à l'heure, tout bouge trop vite; la possibilité de toucher celui qu'il poursuit est minime. Pourtant, il faut tirer. En un éclair, ses mitraillettes se déchargent sur la cible. Raté. L'autre a constaté sa présence et rompt le combat en piquant. Le suivre. Le rattraper. Ne pas le laisser se sauver. Le pilote du Spitfire décroche à son tour.

Or, le piqué noie le carburateur et le moteur coupe. Henri déteste ce silence d'un instant, pendant lequel il redresse son appareil, dont le cœur recommence à battre. Il est trop tard: l'ennemi est déjà loin. Faire demi-tour. Identifier une nouvelle cible. Rapidement.

Apparu dans son champ gauche, un adversaire l'a pris en chasse. Henri vient de passer de prédateur à proie. Il reprend de la vitesse. Fuir à son tour. Des balles tout autour de lui. Il devient urgent de déguerpir, et l'appareil prend vite la route de l'ouest. Dans le ciel sans nuages, l'horizon défile et disparaît sous ses pieds. Un rapide coup d'œil vers l'arrière indique au pilote que l'ennemi n'a pas lâché prise. L'écho des rafales qui frappent le Spitfire surprend l'aviateur. Il perd la maîtrise de son bolide. L'avion esquisse une vrille.

Puis, c'est la chute incontrôlée. Le manche à balai tiré vers lui, il peine à redresser l'appareil, dont la valse des ailes commence à l'étourdir. Le visage trempé de sueur, il réussit l'impossible et vire sur son aile à quelques mètres du sol. En reprenant de l'altitude, il avise le ventre d'un appareil ennemi. Défiant les risques de sa manœuvre, il décoche une salve qui atteint son gibier. L'oiseau de fer tressaute, blessé à mort. Henri est satisfait. À son visage, un sourire sardonique.

19

High Flight

North Weald – Juin 1942

Chaque mission apporte son lot de surprises. Un jour, en surgissant d'un nuage, Henri se trouve face à face avec l'un de ces lugubres Stuka. Propulsés tous deux à une vitesse folle, les pilotes réussissent à s'éviter de justesse. Le Canadien, dont le Spitfire est plus maniable, prend de l'altitude pour mieux redescendre et fondre sur la queue de son adversaire, le criblant de dizaines de projectiles. Sa victime, qui pique en flèche dans son engin enflammé, s'écrase en mer. Un honteux sentiment de satisfaction envahit le jeune pilote.

Pendant trois jours, passant d'un bureau à l'autre, multipliant les appels téléphoniques – qui n'aboutissent qu'à des refus – Henri tente par tous les moyens d'obtenir une permission. Quarante-huit heures. Quarante-huit petites heures pour retourner à Londres et retrouver Marguerite. Elle doit bien avoir un bureau, à l'étage d'un de ces édifices qu'occupe le commandement de l'armée canadienne! Il doit bien s'y trouver un Rupert, ce haut fonctionnaire auquel elle consacre ses journées! Pourquoi les lettres envoyées, un peu au hasard des bureaux du ministère de la Défense pour l'air, à l'attention de Marguerite Couture, n'ont-elles reçu aucun écho?

Peut-être les a-t-on interceptées? Pourtant, rien ne justifierait la censure d'une lettre d'amour un peu fleur bleue.

Peut-être est-elle affectée ailleurs, ou en congé, et qu'on ne les lui a pas fait suivre.

Mais il y a pire. Peut-être les a-t-elle reçues, et les a-t-elle ignorées.

Seul dans la Nissen Hut, face à une couchette vide, le jeune homme demeure de longues heures à réfléchir. Il sait qu'il doit garder la tête froide et l'œil vif pour chaque mission.

Ses prouesses téméraires ne parviennent pas à changer les faits. Peu importe le nombre d'adversaires abattus, peu importe les occasions qui se présentent de crier « vengeance », son ami William est bien mort. Plus les jours passent, plus la peur de mourir, comme un lierre puissant, rampe sous sa peau et le paralyse. Puis, reprenant en vain sa recherche dans le but de retrouver Marguerite Couture, le jeune aviateur retourne aux commandes de *Daisy* dans un état d'anéantissement qui effraie ses compatriotes.

Ce soir du neuf juin, tous les aviateurs de la 412e escadrille convergent vers un même lieu, où se tient une cérémonie pour souligner le vingtième anniversaire de John Gillepsie Magee. Il est dix-neuf heures. Henri rejoint Timothée, qui a lui aussi revêtu chemise, cravate et veste gris bleu réglementaires. Certains s'avancent au bras d'une amie. Quelques femmes en uniforme, membres de la WAAF, font aussi partie du groupe [15].

---

15 La Women's auxiliary air force (en français la Force féminine auxiliaire de l'aviation) a compté près de deux cent mille femmes au service de l'armée anglaise. Durant la Seconde Guerre mondiale, elles travaillaient dans les tours de contrôle des aéroports militaires, accomplissaient des opérations de renseignement ou étaient chargées du décryptage de messages codés.

Tim n'ignore pas l'état dans lequel se trouve Henri. Il craint que la témérité de son ami lui soit fatale. L'invitant à la prudence, il lui dit :

— John Gillepsie Magee est mort en décembre dernier. Une collision avec un autre avion, lorsqu'il est sorti des nuages. Il n'a pas eu le temps de se parachuter. Nous soulignons son anniversaire ici ; nous sommes trop loin du cimetière où il repose.

— Ce genre d'accident arrive souvent. Pourquoi souligner le sien plus qu'un autre ?

Tim n'a pas le temps de répondre. À l'endroit où tous se tiennent, en demi-cercle, règne un silence solennel. On a improvisé un monument à partir de retailles d'acier ; il s'agit d'une plaque sobre, peinte selon l'écusson de l'escadrille. Le printemps l'a généreusement garnie de fleurs. Au centre repose la photo d'un jeune officier de l'air à la moustache fine, l'œil fixant l'éternel. Tous se recueillent.

L'image de ces hommes, plongés dans le silence et la prière, autour de ce frêle cénotaphe, est bouleversante. Un pilote de leur âge, fraîchement rasé, s'avance. Il sort de sa veste une feuille qu'il déplie. Sans plus de cérémonie, il se met à prononcer, lentement, un court poème intitulé *High Flight* [16]. Les derniers vers s'imprègnent dans l'air et dans les esprits, et plus précisément dans le cœur de Henri :

Up, up the long, delirious, burning blue

I've topped the wind-swept heights with easy grace.

Where never lark, or even eagle flew —

And, while with silent, lifting mind I've trod

The high untrespassed sanctity of space,

— Put out my hand, and touched the face of God.

La musique du clairon ne s'élève pas. Rien ne flotte dans l'air. Le drapeau de la base est détendu; même le vent s'est tu. Après la lecture, seul résonne l'écho du quotidien de ces frères d'armes réunis, qui pleurent en silence la jeunesse brisée de l'un des leurs. Jeunesse brisée au champ d'honneur.

C'est l'écho d'un sacrifice, car chacun, à cet endroit et à cet instant, sait qu'ils ne seront pas tous du voyage du retour lorsque la fin de

---

16 Poème composé par John Gillespie Magee, quelques mois avant sa mort, le onze décembre 1941. Il avait dix-neuf ans.

la guerre sonnera. Chacun sait que, parmi eux, plusieurs franchiront également le sanctuaire de l'Éternité pour toucher le visage de Dieu.

C'est le cœur gros et les yeux remplis des images de la guerre que les soldats, ce soir-là, rentrent à leur logement sans dire un mot. À l'écart, les mains dans les poches, le commandant de l'aérodrome regarde le spectacle de ces grands adolescents, à peine parvenus à l'âge adulte, s'en allant penauds. *Il faudra veiller à ce que ce genre d'événement, profondément humain, ne se reproduise plus,* se dit-il. En effet, c'est lors de ces cérémonies que naît, dans la tête de ces jeunes, la peur de perdre la vie et de se battre, ainsi qu'un grand sentiment de défaite; aussi peuvent-ils en venir à abandonner le combat.

Pour vaincre, il lui faut des hommes motivés. Et plus cette victoire viendra vite, moins il y aura de morts. Ainsi, plus il restera du temps aux survivants pour se souvenir. En attendant ce jour, chacun doit oublier les pertes humaines et attaquer l'ennemi sans relâche.

Après tout, la guerre n'a aucune autre raison d'être.

20

Opération Rutter

Merston Airfield – Juillet 1942

Laurent, venu de Bournemouth, rejoint Henri dans sa Nissen Hut, sur laquelle le soleil plombe. Il fait abominablement chaud.

— Laurent ! Quelle surprise, dit Henri avec un enthousiasme qui sonne faux.

— Morose ?

— Ouais. Je me demande ce que je fais ici.

— Quand on commence à se poser ces questions, on perd notre enthousiasme et on part combattre avec la peur au ventre et la mort en tête. Il n'y a rien de pire. Veux-tu tout lâcher ?

— Non... Ce n'est pas cela, marmonne Henri, vague. Je crois que je suis tombé amoureux d'une fille qui n'existe pas.

— Celle à qui tu as rendu hommage en baptisant ton Spitfire *Daisy*?

— Oui. Elle ne répond pas à mes lettres. Alors, j'ai rencontré une résidente de Felixstowe. J'étais bien déterminé à oublier Marguerite avec cette fille qui ne demande qu'à se changer les idées. Mais la mort de William est venue tout remettre en question.

En prononçant le prénom de son coéquipier, Henri peine à retenir ses larmes. Il ajoute :

— Te rends-tu compte? Il allait avoir sa permission. Partir rejoindre celle à qui il voulait dédier son amour. Profiter de la vie! De sa vie. Il a suffi d'une sirène. Une maudite sirène, un matin. Elle l'a envoyé dans le ciel rejoindre la mort qui l'attendait au bout des mitraillettes de l'ennemi. Il n'a même pas pu embrasser cette femme dont il parlait avec passion. Je n'ai pas envie d'être le prochain.

— Et tu n'arrives pas à retrouver cette fille pour lui dire que tu l'aimes. Je comprends. Qui est-ce, au juste?

— Une employée du ministère de la Défense pour l'air. Marguerite Couture.

— Quoi? dit soudainement Laurent, surpris. Comment dis-tu?

— Marguerite Couture. Oui, j'avoue, c'est surprenant. C'est un nom québécois. C'est qu'elle l'est, québécoise. Elle travaillerait pour un certain Rupert, à Londres.

— Bon. Écoute. Je dois repartir sur-le-champ. En attendant, promets-moi de cesser de ressasser tes idées sombres. Si tu es vraiment trop en piteux état pour voler, saoule-toi. Comme tu n'as jamais bu, tu seras tellement malade que jamais le quartier général ne voudra te laisser prendre les commandes d'un appareil.

— Eh! Qu'est-ce qui te presse autant? Je croyais que tu avais une nouvelle à m'apprendre.

Laurent, déjà sur le pas de la porte, interrompt son élan.

— C'est juste, oui. Est-ce que Sanders est toujours sur ton dos?

— Ces derniers jours, au moins, il m'a laissé tranquille.

— Il n'a pas le choix.

— Que veux-tu dire?

— Écoute bien ce que j'ai appris. Sanders est un ami du major Swanson, l'ancien patron d'Émile Cardinal. Swanson et Émile sont en conflit pour des raisons administratives. Et Émile a beaucoup d'influence. Il en a tant qu'il a réussi à convaincre l'État-major de muter Swanson à Vancouver.

— Mais qu'est-ce que je viens faire, là-dedans ?

— C'est simple. Le nom de Salomé Wright te dit-il quelque chose ?

— Plutôt, oui ! Une fille pour qui je me serais fait couper la tête, tellement elle est séduisante.

— Eh bien, c'est l'ancienne secrétaire de Swanson. Elle est proche de Sanders. Si j'ai bien compris, Sanders ne t'aime pas. Pour une raison que j'ignore.

— Moi, je le sais, dit Henri, en se rappelant le coup de poing qu'il a jeté au visage de Sanders, alors qu'il était nu comme un ver dans un vestiaire du Manning Depot de Québec.

— Sanders savait que tu as été recruté par Émile Cardinal. Quand Salomé lui a révélé qu'en sa présence, tu pensais moins avec ton cerveau qu'avec ton entrejambe, ils ont décidé que tu pourrais servir leur vengeance.

— Une vengeance?

— Contre Émile. Le haut commandement de l'armée canadienne ne croit pas qu'Émile soit un espion, mais la police militaire enquête sur lui depuis que de fausses preuves ont été créées pour l'incriminer. Tu es arrivé juste à temps pour que le dossier ne soit pas fermé. S'ils avaient réussi à te faire passer pour un agent d'infiltration, ils auraient remonté rapidement la piste jusqu'à ton protecteur, le capitaine Cardinal. Et vous auriez été tous les deux évincés.

— Incroyable! Si tout ce complot est connu, cela veut-il dire que les soupçons contre moi tombent?

Laurent hésite et grimace.

— Pas tout à fait. Il reste quelques points à éclaircir. Mais…

— Mais?

— Mais de grâce, dans les prochaines semaines, essaie de penser avec ton cerveau. Cela t'évitera peut-être de te replonger dans le pétrin. Allez, cousin : garde espoir!

Quand la porte se referme, Henri, soudainement, n'a plus envie de demeurer dans son réduit. Le bleu du ciel, le bruit de la base et les rires de ses coéquipiers l'appellent. La visite de Laurent lui a redonné foi en l'avenir. Bondissant hors de sa tanière, il tombe face à face avec la toison rousse de Timothée, lequel est accompagné d'un garçon dont le visage ne lui est pas inconnu.

— Qui voilà! Édouard Tremblay! Enfin pilote de guerre!

— Ouais, ajoute Tim. Ils ont laissé sortir ce chauffard de l'école pour venir tamponner nos aéroplanes.

— Ma réputation me précède, remarque timidement Édouard.

— Un vrai George Beurling, déclare Henri sur un ton ironique, en faisant allusion au célèbre pilote canadien [17].

— Ouais, je crois que depuis que Beurling a été recruté par la RAF plutôt que l'aviation canadienne, le Canada donne un permis de

---

17 Surnommé Screwball et le Faucon de Malte, l'aviateur canadien George Beurling est né à Verdun. Fougueux et indiscipliné, il cumulait tant les réprimandes que les victoires. Il a reçu la Distinguished Flying Cross et a abattu trente et un avions pendant la Seconde Guerre mondiale.

pilotage à tous ceux qui s'emboutissent sur le tarmac.

— Eh bien, bienvenue dans la Royal Collision Air Force! déclare Henri pour plaisanter.

À Merston, l'adrénaline commence à affluer dans les veines des pilotes dès qu'ils entendent les mots « Opération Rutter ». Pour l'armée de terre, cette opération constitue une première occasion de marcher sur le territoire conquis par les Allemands. Date prévue du débarquement : le huit juillet. La fébrilité qu'entraîne l'idée de se frotter à l'armée d'Hitler gonfle le moral des troupes. Enfin, une attaque concertée et massive aura lieu! Comme tous les autres soldats concernés par cette opération, les aviateurs reçoivent des consignes précises. Toutes ces informations sont classées ultrasecrètes. Lorsqu'elles ont été révélées aux soldats, ceux-ci ne peuvent plus sortir de l'enceinte de la base. Cela importe peu à la plupart des militaires. Pour eux, l'annonce de l'attaque donne soudain un sens concret à cette guerre qui s'étire en longueur depuis trois ans.

Malheureusement, le sept juillet, la météo se révèle peu propice à une action militaire. La Manche est démontée par des vagues rendant impossible tout débarquement de troupes sur les plages normandes. Le ciel nuageux risque d'être fatal aux aviateurs. L'Opération Rutter est reportée. Désormais, tous estiment qu'il s'agit d'une question de semaines avant que l'attaque soit déclenchée.

Les jours suivants, Henri et Timothée sillonnent le ciel de Normandie. Partout sur la côte, ils remarquent chez l'adversaire une effervescence digne de celle qui anime les troupes alliées. La crainte d'un débarquement met Hitler sur le qui-vive, et celui-ci a ordonné la construction d'une série ininterrompue de fortifications de béton qui défigurent une à une les plages et les corniches de France.

De plus en plus, on raconte que l'espionnage constitue la pire menace contre un débarquement réussi. Chaque fois qu'une information venant d'Angleterre parvient aux Allemands, ceux-ci peuvent ajuster leur défense. La stratégie mise en place est donc simple : laisser filtrer de fausses informations par l'entremise du contre-espionnage. Au moment où, à la cafétéria de la base aérienne, Henri apprend ce stratagème, une estafette lui apporte une lettre cachetée. De la plus haute importance.

Une lettre d'Émile.

21

Contre-espionnage

Tangmere – Août 1942

Alors que les aviateurs de l'escadrille 412 s'attendaient à attaquer l'Europe soumise à la botte nazie, ils se retrouvent plutôt à préparer leur déménagement sur une base qu'on nomme Tangmere. Curieusement, Henri est lui-même convoqué par Émile à cet aéroport pour y récupérer des papiers de la plus haute importance.

Son avion se pose, et il en bondit avec empressement, chatouillé par une méfiance facilement explicable : il continue de douter de l'intégrité d'Émile Cardinal. Malgré ce que lui a confié Laurent, l'adolescent demeure sur ses gardes. Tandis qu'il marche vers la tour de contrôle, il entend quelqu'un l'interpeller sèchement.

— Eh, vous, le Canadien ! Vous devez déplacer votre avion.

— Désolé, mon gars, mais la tour de contrôle m'a autorisé à le laisser en position de départ, répond Henri, dans un anglais presque sans faille, n'accordant aucune attention à ce sous-officier.

Un sourire en coin sur son visage espiègle transforme ses traits. Il ne cache pas sa fierté de répliquer avec autant d'aplomb aux Britanniques. Quelques mois plus tôt, une seule remarque prononcée par le moindre des soldats de Sa Majesté l'aurait paralysé. Si chaque journée qui passe le rapproche de l'âge adulte, il est déjà convaincu d'être devenu un homme. Un soldat. Sa voix s'est raffermie. Il cache sa peur et se montre fort. Dans les camps alliés, ce sont les plus autoritaires qui tirent leur épingle du jeu.

Le jeune homme s'apprête à escalader deux à deux les marches de la tour. Une main se pose sur son avant-bras.

— *Pilot officer Layvayaih ?*

Cette façon qu'ont les Anglais de mâchonner « Léveillée » l'horripile. Mais celui qui vient de l'intercepter possède les galons d'un major. Devant un major, on se raidit, on serre les fesses et on salue de la main droite.

— Repos, répond l'homme moustachu, dont le regard absorbé trahit un visage sympathique.

— Que puis-je pour vous, major ?

— Major Kingsley. On vous a demandé de venir ici pour récupérer une série de documents ultrasecrets, n'est-ce pas ?

Henri acquiesce :

— Je dois rencontrer le capitaine Cardinal.

— Il s'est absenté. J'en suis désolé. Il m'a informé que les documents ne seront pas prêts avant demain. Vous serez donc hébergé au Cottage.

— Le Cottage ? Mais… je dois être de retour à ma base pour…

— Hors de question. Avisez la tour de contrôle que votre avion sera enlevé de la piste. Ils vous diront dans quelle alvéole le garer. Quant à vous, rejoignez ensuite le Cottage, là-bas. On vous donnera une chambre.

Les ordres sont les ordres. Il ne reste plus à Henri qu'à ranger *Daisy* et à ramasser ses affaires. À l'entrée du Cottage, des WAAF en uniforme le regardent passer la porte avec curiosité. L'une d'elles le renseigne. Clé en main et bagage sur l'épaule, il croise sur son parcours des officiers et des civils qui le saluent distraitement. Il se retrouve dans une chambre étroite dont la surface est partagée par un lit et une table de chevet. Sur celle-ci est posée une lettre préparée à son attention.

Visiblement, on l'attendait.

Intrigué, il ferme la porte. Puis, il dépose son sac, s'assoit jambes croisées sur le matelas et décachette l'enveloppe rapidement.

« Monsieur Léveillée,

Empressez-vous de vous rendre à Chichester. À cet endroit, vous repérerez aisément la cathédrale. À l'ombre de son campanile, vous croiserez l'auberge nommée The Bishop House. Entrez-y. On vous y rejoindra. »

La lettre, qui n'est pas signée, laisse le jeune homme perplexe. Et s'il s'agissait d'un piège? Pourtant, le voilà pris sur une base où il ne connaît personne, à attendre des documents inconnus. Que risque-t-il vraiment? Sa curiosité l'emportant, il redescend dans le hall.

— Mademoiselle, dit-il à l'attention de cette jeune femme qui lui a, quelques instants plus tôt, indiqué le chemin de sa chambre. Y a-t-il moyen de me rendre jusqu'à Chichester?

— Le plus simple serait d'attendre le prochain autobus, au coin de…

— Je ne voudrais pas insister, mais y a-t-il un moyen plus rapide?

— Si vos mollets ne sont pas trop douillets, il y a quelques bicyclettes derrière le Cottage.

Henri s'empresse de retrouver les vélos. Or, il repère une rutilante motocyclette tout près, rangée le long d'un muret. Il hésite. Personne ne le regarde. *Après tout,* se dit-il, *tous ceux qui travaillent dans cet édifice partagent le même but : gagner la guerre. Alors, on peut bien s'entraider.*

Quelques instants plus tard, sur la grand-route déserte bordée par des fossés fleuris et des prairies verdoyantes, la Norton propulse son pilote à une vitesse folle. Penché sur le guidon, filant à toute allure et sa veste entrouverte battant au vent, Henri voit s'approcher le clocher de Chichester et se laisse guider par ce repère à mesure qu'il s'engouffre dans les méandres de la ville. Le moteur de la motocyclette résonne sur les murs de pierre qui façonnent les rues étroites de la cité ancienne.

Le jeune homme négocie avec témérité quelques virages, et le grondement du bolide fait retourner les passants sur son chemin. Les enfants le montrent du doigt, et les femmes se retournent en voyant son uniforme. *Vraiment*, pense-t-il, *je ne suis pas du tout discret pour un rendez-vous auquel j'ai été convoqué par une lettre anonyme.* Mais qu'importe ! Il fait beau, les gens sourient sur son passage et, pendant quelques instants, cela lui fait oublier que la guerre fait rage, et que les bombes ennemies menacent à tout coup de détruire cette belle ville. À l'aise, il se détache de la moto comme il le fait de son avion. Le bas de ses pantalons est maintenant maculé de boue. Il retient une grimace et pousse la porte de l'auberge.

L'endroit n'a sans doute pas été décoré depuis cent ans. L'aubergiste, derrière son comptoir, est seul. Ou presque. Dans un coin assombri, assis à une table, un homme au regard austère s'accroche à son bock de bière. C'est lui qui parle d'abord, très fort, malgré une voix qui trahit son état d'ébriété :

— Tiens ! Voilà qu'on nous amène des coloniaux ! C'est-y pas une pitié. Nous voilà condamnés à être défendus par des sauvages du Canada. Perdue, cette guerre. Nous l'avons perdue.

— Une bière pour vous, soldat? dit l'aubergiste en tentant d'ignorer l'importun client.

— Ne lui donne rien, déclare l'homme aux facultés affaiblies. Il n'a pas l'âge.

— Il a les épaulettes, réplique le propriétaire de l'endroit, et cela me suffit bien. Tenez, jeune homme. C'est la maison qui paie. Vous êtes de l'aviation, non?

Tandis que Henri plonge ses lèvres dans l'écume âcre, le grincheux continue de grommeler.

— Non, il est de la pouponnière. Tiens, il n'a pas deux poils au menton.

— Ne l'écoutez pas, dit l'aubergiste. Depuis que sa femme est décédée lors d'un bombardement, sur Basin Road, il peste contre tous les soldats. Britanniques, Canadiens, Américains, Allemands. Vous y passez tous. Quel bon vent vous emmène dans mon petit établissement?

La réponse ne tarde pas à venir : elle se matérialise même avant que Henri ne puisse prononcer un seul mot. La porte de l'auberge vient de s'entrouvrir. Dans la lumière du jour, une silhouette connue de Léveillée :

— Marguerite?

C'est elle. De Québec à Londres, puis de Londres à Chichester, Marguerite Couture lui apparaît aux moments les moins prévisibles. Toujours aussi belle, mais chaque fois un peu plus énigmatique. C'est du moins ce qu'il ressent en reconnaissant une fois de plus ces yeux décidés qui lui intiment de la rejoindre à une table en retrait, loin de l'homme bavard qui commande une autre bière. Le tenancier, non moins ébloui par la beauté de la nouvelle venue, se contente d'esquisser un grand sourire à l'attention de l'aviateur.

Il flotte autour de la présence de cette femme quelque chose d'insaisissable. Son maquillage est discret. Ses cheveux sont détachés. Dépourvue de bijoux, dans ses chaussures légères, elle pourrait passer pour la fille d'un habitant, belle et pleine de vie. Pourtant, elle porte une robe trop sombre pour cette journée ensoleillée. Ici, dans le pub de cette auberge négligée, son allure est celle d'une jeune femme dissimulant dans son sac à main des secrets vastes comme le monde. Cet air de mystère inquiète Henri.

— Est-ce vous qui m'avez donné rendez-vous?

— Henri, j'ai peu de temps.

— Arrêtez toutes ces cachotteries. Dites-moi ce que vous faites ici. Pourquoi n'avez-vous pas répondu à mes lettres ? Pourquoi apparaissez-vous ainsi, pour disparaître l'instant suivant ? C'est la guerre, Marguerite. À tout instant, quand je monte à bord de Dais… de mon avion, une balle peut mettre fin à…

— S'il vous plaît, évitez les effusions. J'ai besoin de votre aide.

Son ton est suppliant. Henri est soudainement inquiet, mais n'en laisse rien voir.

— Que puis-je faire pour vous ?

— Vous êtes le seul à pouvoir m'aider. Il s'agit d'une question d'argent.

Chaque fois qu'elle parle, elle lui semble tellement bouleversée qu'il en devient lui-même troublé.

— Mais parlez !

— Jurez-moi de ne rien dire.

— Promis. Je vous écoute.

— Il y a, à l'étage de cette auberge, une dame qui a fui la France occupée. Dans ses bagages, elle transporte d'immenses sommes d'argent. En billets, mais aussi en pierres précieuses et en bijoux.

Le discours de Marguerite agite le garçon. Cela le ramène, près d'un an et demi plus tôt, à Québec. Il se cabre sur sa chaise et tente de garder le silence.

— Il faudrait que vous puissiez vous approprier ces pierres précieuses.

— Voler? Vous me demandez de voler!

— Vous l'avez dit vous-même, Henri, c'est la guerre. Nous avons besoin d'argent. Vous serez récompensé.

Henri n'arrive pas à y croire. Marguerite le supplie de commettre un vol! Il en a les jambes sciées. Jamais il n'aurait imaginé cela d'elle. Il la présumait aussi romantique que lui et, jusqu'à cet instant, il se voyait comme son preux chevalier, au cœur pur, à l'âme limpide, prêt à se sacrifier pour elle. Mais soudainement, la cause de leur rendez-vous freine ses élans chevaleresques. Il refuse de redevenir un criminel.

— Pourquoi vous adressez-vous à moi? Pour qui travaillez-vous? réussit-il à prononcer en tentant de contenir sa révolte, sa colère et sa déception face à cette femme à qui il croyait pouvoir faire confiance.

— Ne me posez pas de questions. Vous avez de l'expérience pour accomplir un tel travail.

— Je n'aurais jamais dû accepter cette stupide besogne, lance-t-il, avant de regretter ses paroles.

Le sourire qu'elle esquisse effraie Henri. Elle dit :

— Et personne ne vous a attrapé. Vous êtes l'homme qu'il nous faut pour vous approprier ces bijoux.

— Si vous ne voulez pas me dire qui vous envoie, c'est que cette affaire est louche. Les Alliés ne financeront jamais la victoire en dévalisant des réfugiés. Vous êtes donc un agent au service de l'ennemi.

— Vous serez largement récompensé pour vos services, prononce Marguerite, sans quitter son vis-à-vis des yeux.

— Pour accomplir ce travail, il ne faut pas avoir de convictions.

— Et vous, des convictions, en avez-vous ? s'enquiert la jeune femme sur un ton ferme.

Dans la salle, l'alcoolique et l'aubergiste ne peuvent s'empêcher de dévisager cet étrange couple se disputant dans la langue de Molière.

— Si j'ai des convictions ? Oui, j'en ai. Et je ne me laisserai pas corrompre par une espionne à la solde des nazis. Vous êtes mieux de disparaître, Marguerite Couture. Dans une heure tout au plus, la police militaire sera à vos trousses. Il n'est pas dit que je laisserai vos sales griffes financer une guerre en tentant de séduire d'honnêtes soldats.

À peine a-t-il terminé sa phrase qu'il se retrouve déjà sur la motocyclette, fonçant à vive allure vers la base de Tangmere. Dans sa tête se bousculent les plus opposés des sentiments. Comment a-t-il pu se laisser séduire par cette femme, une traîtresse désireuse de l'entraîner dans des activités qui, cela ne fait aucun doute, servent les intérêts de l'ennemi ?

Il accélère encore. Le vent frais de cette fin de journée s'engouffre dans ses narines, le dépeigne, sèche quelques larmes. Il regrette de l'avoir laissée ainsi. Comment la retracer maintenant ? Il aurait dû s'emparer d'elle et la dénoncer sur-le-champ. Pourtant, quelque chose de persistant, au fond de son âme ou de son cœur, souhaite qu'elle évite la prison. Est-ce ce parfum, qu'il a tant respiré lorsqu'il a dansé tout contre elle? Sont-ce ses yeux, doux et envoûtants, qui le captivent ainsi? Est-ce la honte de l'avoir tant espérée, alors qu'elle ne répondait à aucune de ses lettres, qui le tiraille? Marguerite, une collaboratrice! Il en a le cœur brisé.

Ses idées l'ont emmené loin du paysage, et le klaxon d'une puissante voiture roulant derrière lui le fait sursauter. Il braque le guidon de la moto au risque de perdre l'équilibre, alors que l'automobile file déjà vers l'horizon. Il accélère à son tour.

Tandis qu'il rejoint la guérite de Tangmere, une question revient à son esprit : comment a-t-elle pu savoir qu'il s'était déjà approprié un bijou?

***

Le jour décline à l'horizon. Henri a posé la moto, ni vu ni connu, et rejoint à la course le Cottage. Au bureau de la réception, un homme, de dos, discute avec la secrétaire.

— Pardon, monsieur, mais il y a urgence…

L'homme se retourne en répondant :

— Au contraire, jeune homme, nous avons tout notre temps.

Pendant un instant, Henri craint de se trouver en face du propriétaire de la motocyclette. Or, il réalise que ces derniers mots viennent d'être prononcés dans le plus pur français.

Émile Cardinal se tient devant lui, souriant, bras croisés.

Le jeune aviateur chancelle. D'abord, il se voit trahi par une femme en qui il avait entièrement confiance. L'instant suivant, il se retrouve nez à nez avec un homme dont il doute de l'intégrité depuis plusieurs mois. Incapable de prononcer le moindre mot, il se laisse entraîner par Cardinal vers l'extérieur.

— Voilà trop de coïncidences, parvient-il à dire. Émile, j'ai une urgence. Une traîtresse. Qui travaille pour la Défense. Qui veut…

— Allons, Henri. Tout cela peut attendre.

— Non ! Cela ne peut pas attendre ! tranche Henri, avec violence.

Pourtant, Émile insiste.

— Viens avec moi à l'aéroport. J'avais commencé à cuisiner quelque chose pour nous deux.

— Tu avais prévu que je reste pour la nuit ?

— J'avais tout prévu.

Bouche bée, Henri suit Émile, qui l'entraîne dans la cuisine de la base de Tangmere, abandonnée par les cuisiniers qui ont terminé leur quart.

— Tu dois être affamé.

— En effet. Je reviens de Chichester. Tu ne pourras jamais croire ce qui m'est arrivé.

— J'en doute fort.

— Oh non ! Mieux vaut que tu sois assis pour que je te raconte le tout. Au fait, qu'est-ce qu'on mange ?

— J'ai préparé de l'agneau. Il n'y a que cela, ici, de l'agneau. Et un peu de morue.

— Et de la sauce à la menthe.

— Ah ! Pour cela, je sens que je vais te surprendre. Tiens, regarde ce que j'ai mis dans ma sauce : du sirop d'érable.

En voyant la boîte de conserve ouverte, à côté du chaudron, Henri sent ses jambes se transformer en rouleaux de coton. Il tombe assis, livide.

— Eh bien, qu'est-ce que tu as ? Tu es tout pâle, tout d'un coup. Tiens, donne-moi ta tasse, que je te verse un peu de thé.

Henri est incapable de quitter la boîte des yeux. La gorge nouée, il attrape d'une main tremblante la tasse posée à l'envers sur la table. En la soulevant, il découvre, sommairement nettoyé, le collier qu'il avait dissimulé depuis l'automne précédent.

Émile éclate de rire. Des sueurs froides figent le garçon.

— Si tu voyais ta tête ! lâche gentiment Cardinal.

— Tu le savais, articule Henri avec peine.

— Bien entendu !

— Et depuis combien de temps ?

— Depuis que nous nous sommes rencontrés au lac Nairne, l'an dernier. J'avais vite fait le lien entre le vol et ta fugue. Il ne me restait plus qu'à retrouver le collier pour prouver mon hypothèse.

— Pour qui travailles-tu ? Pour les nazis ?

— Mais pas du tout ! répond Émile en s'esclaffant une fois de plus, tout en posant un couvercle sur la marmite. Je travaille pour les services secrets canadiens. Tu es un des seuls à le savoir. Même Laurent n'est pas au courant.

— Et que comptes-tu faire de... de moi? demande Henri, qui n'ose pas poser les yeux sur son interlocuteur.

— Je commencerai par avoir une sérieuse discussion avec toi.

— Mais pourquoi tenais-tu tant à mettre la main sur ce bijou? Tu n'es pas policier...

— Laisse-moi te raconter, fait Émile, en posant sur la table des assiettes que Henri regarde sans appétit. D'abord, il faut que tu saches que ce collier devait être volé par des collaborateurs nazis cachés au Canada. Sa vente devait permettre de financer des activités d'espionnage et de sabotage.

— Berger!

— C'est l'un d'eux. À cause de son air très jeune, il a réussi à s'inscrire au Séminaire de Québec. Sous cette couverture de jeune séminariste, personne ne l'aurait remarqué. Nous avons réussi à placer un de nos agents au Séminaire pour le suivre pas à pas. Ce qui nous a surpris, c'est qu'il n'a jamais quitté le collège. C'est alors que j'ai compris qu'il avait fait faire la sale besogne par quelqu'un d'assez stupide pour voler un tel bijou.

— Ah? Qui ça?

— Mais toi, idiot! Une personne de mon organisation avait même vu que tu étais en possession de l'objet.

Incrédule, Henri ne relève pas cette dernière phrase.

— Comment as-tu su que je ne m'étais jamais départi du collier?

— Berger a été arrêté peu après que tu es parti du Séminaire. Je savais que le joyau n'était pas entré en sa possession. Il devenait nécessaire de te suivre à la trace. C'est ce que j'ai demandé aux services secrets dès que tu as quitté le lac Nairne. J'ai d'ailleurs profité de mon influence pour accélérer ton enrôlement.

— Vous auriez pu me faire arrêter!

— Si tu avais été un agent double au service de l'Allemagne, tu te serais débarrassé du bijou et nous en aurions perdu la trace pour de bon. Non. Il fallait le retrouver. Les services secrets ont fouillé maintes fois tes affaires sans rien découvrir. Quant à moi, je ne croyais pas que tu puisses être un adversaire.

— Avoue que je me suis plutôt bien tiré d'affaire.

— En effet. Mais pour en avoir le cœur net, il fallait que je fouille moi-même tes bagages. C'est la raison pour laquelle je devais te faire sortir cet après-midi. Lorsque j'ai vu cette boîte de conserve, pareille à celles dont ta tante a envahi les armoires de mon chalet du lac Nairne, j'ai conclu qu'il était temps que nous ayons une petite discussion autour d'un repas, toi et moi.

— Tu n'es donc pas étranger à cette lettre anonyme posée dans ma chambre ?

— C'est moi qui l'ai rédigée !

— Alors, cela signifie que… bredouille Henri, perplexe, en revoyant dans sa tête Marguerite, assise à une table de cette auberge, durant l'après-midi. Il trouve la force d'ajouter : comment puis-je être certain de ta bonne foi, maintenant ?

Émile s'adosse à sa chaise et regarde, pendant un instant, le plafond de la grande cuisine. Seule une petite lampe, posée sur leur table, permet à leurs profils de se reconnaître contre le mur clair. Après avoir bien réfléchi, le capitaine regarde autour de lui, s'incline sur la table et fait signe à Henri de se rapprocher, avant de se lancer dans une longue explication :

— Ta confiance doit en effet être ébranlée. Tu es le cousin d'un de mes meilleurs amis; j'avais confiance en toi. Lorsque je t'ai vu piloter l'hydravion avec autant d'adresse, j'étais convaincu qu'il fallait que tu t'ajoutes à nos pilotes. Or, il y avait cette histoire de collier qui te mettait bien en vue sur la liste des suspects des services secrets. Je vais te révéler un secret que même mes supérieurs de l'Armée canadienne ignorent : je suis un agent de liaison entre le gouvernement canadien et le SOE.

— Le SOE ?

— Le Special Operations Executive. Ou Direction des opérations spéciales. Un service d'espionnage qui a pour but de soutenir les mouvements de résistance dans les pays occupés par l'Allemagne. Certaines de mes missions sont demeurées tellement secrètes que la police militaire et des officiers de la RCAF m'ont pris pour un espion à la solde des Allemands. Ce qui est faux, bien entendu. Mais la vérité leur importait peu, et ces accusations faisaient bien leur affaire, car ils étaient jaloux de mes relations avec le haut commandement canadien et britannique. Swanson était l'un d'eux. Et il aurait bien voulu me faire tomber en disgrâce. Je l'avoue, cela peut sembler étrange à des colonels qu'un simple capitaine ait accès aux plus hauts dirigeants de nos pays et de l'armée sans même suivre la hiérarchie militaire.

— Ça alors !

— J'aurais dû prévoir que ces jeux de coulisse allaient te causer des ennuis sur la base de Summerside. Évidemment, tu comprends maintenant pourquoi tu es devenu si rapidement pilote.

— Moi qui croyais que cela avait un lien avec mon talent.

— Mais cela en a un ! Je ne t'aurais jamais pris sous mon aile si je n'avais pas été persuadé de ton talent. Il ne me restait qu'à m'assurer de ton entière loyauté.

— Ah oui ? Et comment ?

— En te confrontant avec mon agent, autrefois posté au Séminaire de Québec pour espionner le dénommé Berger.

— Et cet agent, qui est-ce ?

— Tiens, le voilà justement, répond Émile en pointant, dans la pièce devenue toute noire, l'embrasure de la porte. Venez-vous au rapport, agent Couture ?

— Oui. Et si je confirme que votre protégé est bel et bien loyal, je ne peux malheureusement pas dire qu'il est le plus discret des hommes.

La voix de Marguerite vient de faire sursauter Henri. Marguerite, la secrétaire du Séminaire, l'adjointe d'un haut fonctionnaire, celle qui voulait, voilà quelques instants, l'envoyer dévaliser une inconnue ! Agente des services secrets ? Le jeune aviateur n'en croit ni ses oreilles ni ses yeux.

— Mais… mais… Dans la taverne de Chichester, tout à l'heure, bredouille Henri.

— Ce n'était que de la comédie, répond la jeune femme.

— Mais pourquoi toute cette mise en scène ? demande Léveillée, incrédule.

— Il fallait d'une part t'éloigner de ton bagage pour le fouiller. D'autre part, nous devions vérifier si tu étais suffisamment intègre pour assumer la mission que nous voulons te proposer. En te mettant ainsi à l'épreuve, nous avons bien vu qu'il n'est pas question pour toi de profiter de la guerre pour t'enrichir ni de t'associer aux nazis pour quelque motif que ce soit.

— Et maintenant, que comptez-vous faire de moi ?

— Connais-tu le Lysander ? demande Émile.

Henri réfléchit un instant, puis il se rappelle :

— Je crois qu'il s'agit d'un petit avion, non ?

— Le meilleur avion pour se poser et décoller sur piste courte. Je me rappelle tes acrobaties aériennes avec l'hydravion de ton cousin. Tu seras capable de piloter l'un de nos Lysander avec adresse.

— Mais pour aller où ?

— Pour cela, je t'en reparlerai demain. D'abord, une nuit de repos pour te remettre de toutes ces émotions t'est sans doute nécessaire.

— C'est hors de question. En reprenant ce collier, vous allégez ma conscience. Ce n'est tout de même pas pour charger ma curiosité d'un autre poids !

Émile et Marguerite se regardent. D'un seul coup d'œil, ils s'entendent : Henri doit savoir. Émile, qui vient de servir de grandes tasses de thé, se résigne à les abandonner.

— Dans ce cas, il faut traverser au Cottage. Le Cottage est le quartier général du SOE. Tu comprends maintenant que ta mission, ici, n'était pas du tout de préparer la venue de l'escadrille 412, mais bien de rejoindre les services secrets. Maintenant, tu es ici pour y demeurer.

— Et le 412, je ne le regagnerai pas ? demande Henri, inquiet de ne plus revoir ses amis.

— Ne t'en fais pas : l'escadrille 412 arrivera bientôt. Tu continueras bien entendu à te mêler aux autres aviateurs.

Tout en discutant, les trois Québécois avancent d'un pas rapide dans la nuit. Tangmere, pour des raisons de sécurité, est plongée dans le noir ; ce n'est que par habitude que ses occupants parviennent à se retrouver en pleine noirceur.

Cependant, aux yeux de Henri, tout s'est enfin éclairci. Il a confiance en ses amis, il reverra Timothée et, surtout, délivré de toute culpabilité, il se joindra avec fierté aux services secrets alliés.

22

Attaque-surprise

Le soleil se lève sur la côte britannique. Depuis plus d'une heure, Henri est debout, joggant sur le chemin qui borde la base de Tangmere. Dans sa tête repasse en boucle le plan qu'il aura à exécuter.

Aux commandes d'un Lysander, il devra traverser la Manche en pleine nuit pour rejoindre une piste secrète, aménagée sur la ferme d'un cultivateur français dans les terres, quelques kilomètres derrière la ville de Dieppe. À une heure trente précise, deux lanternes s'allumeront pour marquer l'espace d'atterrissage ; deux minutes plus tard, elles seront éteintes. Il ne disposera donc que de cent vingt secondes pour poser agilement son petit avion sur un sol inégal et raboteux.

Il emmènera en France occupée un officier du SOE chargé de communiquer des informations aux résistants. Dans les vingt-quatre heures, des actes de sabotage précis devront être posés contre les forces allemandes, facilitant un raid dans la région de France nommée Seine-Inférieure. Henri a voulu en savoir plus sur ce raid. En vain. Les officiers du SOE eux-mêmes ont affirmé ignorer les détails de cette attaque.

En attendant, il a effectué plusieurs heures de vol pour se familiariser avec les commandes du petit Lysander. Moins rapide et moins bien armé que *Daisy*, il transporte néanmoins une bombe qu'il pourra larguer au besoin. Mince consolation.

Alors qu'il termine sa course, il voit apparaître au-dessus des champs les ailes bien droites d'un Spitfire qui manœuvre pour se poser sur la piste principale de la base. Le faucon roux, sur son flanc, avive son sourire : Tim ! Les trains d'atterrissage se posent avec élégance. L'avion abaisse en douceur sa queue, et la roulette touche à son tour le sol de Tangmere.

Enthousiaste, Henri accélère le pas en criant des mots de bienvenue qui se perdent dans les pétarades des moteurs. Le Spitfire vire face à un hangar, et la toison rousse du grand

Irlandais apparaît dès que la verrière est rabattue.

— Quel bon vent t'amène ?

— Je venais juste te demander quand tu rentrerais à la maison. On commence à s'inquiéter, dans notre base !

Mais l'adolescent n'a pas le temps de répondre. Les rires se taisent, interrompus par l'insistant appel des grands haut-parleurs, juchés sur les hangars :

— Tous aux abris ! Tous aux abris !

Puis, les sirènes de la base retentissent. Timothée est encore debout sur l'aile de son bolide. Par réflexe, les deux amis, comme tous les autres occupants de l'aéroport, lèvent les yeux vers l'est. À travers les rayons crus du soleil, une armada d'oiseaux de fer en formation pointe à l'horizon. Une attaque ! Comment les Allemands ont-ils pu percer la défense anti-aérienne ? Comment ont-ils réussi à franchir la barrière de la DCA et le tir des chasseurs alliés ? Et comment ont-ils fait pour aboutir jusqu'à Tangmere malgré la solide clôture que représente le chapelet de radars guettant la côte anglaise ? Pris par surprise, tous se mettent à courir, à gauche, à droite, dans les casemates antiaériennes, dans les hangars, dans les avions.

Sur les pistes de Tangmere, des appareils anglais s'apprêtent à prendre position. Tim, surpris par l'essaim de Stuka allemands, n'a pas encore réagi. Le spectacle de ces oiseaux d'enfer le paralyse. Remonter à bord? S'abriter? Il ne s'écoule guère plus de trente secondes avant qu'il ne décide de remettre son casque et de reprendre les commandes de son avion pour livrer combat.

Léveillée, quant à lui, n'a d'autre choix que de s'écarter du Spitfire, qui remet en marche pistons et hélice. Tim s'éloigne dans un ballet improvisé d'avions qui s'entrecroisent dangereusement. Il s'envole parmi les premiers. Déjà, les Allemands sont sur lui : l'aviateur, face à face avec l'ennemi, prend de l'altitude et actionne aussitôt ses mitraillettes qu'il dirige vers les Stuka en altitude.

Les Stuka sont maintenant au-dessus de la base, comme des vautours surplombant leur proie. En plongeant à la verticale, ces démons hurlent une plainte infernale. Une première bombe éclate, puis une autre. Chaque projectile, en heurtant le sol, provoque des tremblements effrayants et soulève une poussière épaisse qu'un tourbillon de vent charrie dans tous les sens.

Henri demeure pétrifié, vivant pour la première fois une attaque aérienne sans pouvoir se défendre.

— Ne reste pas là, idiot! hurle un sous-officier qui agrippe sans ménagement son bras pour l'entraîner. Ils se projettent tous deux sous l'aile d'un avion demeuré au sol. Le bruit sec des balles qui pénètrent ou ricochent sur l'acier claque à leurs oreilles. Immédiatement, l'avion prend feu, laissant à peine le temps aux deux militaires de rouler hors de leur repaire. Leur seul espoir de s'en sortir, désormais, est de courir jusqu'à un abri antiaérien. À au moins cent mètres.

L'adjudant pousse un juron en levant la tête vers le ciel. Dans la cacophonie des moteurs et des sirènes, Henri, derrière, parvient à entendre le gémissement strident d'un autre vorace adversaire. Il se retourne, aperçoit l'appareil qui grossit dans son champ de vision. Il plonge sur la piste avec la désagréable sensation d'être soufflé par le déplacement de l'air qu'entraîne l'avion en remontant vers le ciel. Au même instant, sous ses yeux, le sous-officier encaisse une rafale de balles. L'homme est littéralement plaqué au sol et le sang, aussitôt, jaillit partout dans son dos.

À plat ventre sur le tarmac balayé par des séries de tirs, étourdi par le sifflement des moteurs, la fumée et les balles perdues, le jeune aviateur est hypnotisé par l'affreux spectacle du sous-officier qui reste là, inerte, le sang formant une sinistre mare autour de son tronc. La peur lui dévore les entrailles. *Fuir à tout prix !* pense-t-il. Mais où ? Il a la nausée. Son cœur se débat avec puissance. Il tremble, raclant l'asphalte sans savoir vers où se diriger.

Tandis que, dans le ciel, la lutte oppose avions allemands et anglais, les Stuka lâchent leurs bombes sur les points stratégiques, et les Messerschmitt vident leurs mitraillettes à l'aveuglette. Tout, autour de lui, semble hors d'atteinte. Reprenant ses sens, il distingue les appels d'hommes en alerte, apparus à quelques mètres de lui. Il essaie de se lever et ressent une douleur que l'adrénaline a, jusqu'à maintenant, inhibée. Le mal provient du haut de sa cuisse, là où ses doigts découvrent un ruisseau de sang à travers son pantalon déchiqueté.

Rassemblant toutes ses forces, il fonce tête devant malgré l'élancement de cette blessure dont il n'arrive pas à estimer la gravité. Arrivé à l'abri antiaérien, Henri sent les soldats l'attraper par les aisselles. Il souffle. En voyant une traînée rougeâtre le long de sa jambe, il réalise qu'à quelques centimètres près, il y aurait laissé un membre inférieur. Ou pire. Un grand frisson l'envahit, sa vue s'embrume et il tombe évanoui.

23

Opération Jubilee

Henri se réveille en sursaut. Les palpitations de son cœur résonnent dans ses oreilles et jusque dans sa hanche, qui le fait atrocement souffrir. Il est dans un lit. Il est dans le noir. Il est en sécurité. Et pourtant, il ne peut chasser de sa tête ces images terrifiantes. En voulant bouger, un élancement à la hanche lui sert le pire des constats : il a bel et bien été blessé lors de l'attaque de l'aéroport. Il tâte son flanc : des compresses recouvrent la blessure. À mesure que sa vue s'habitue à la noirceur et qu'il reconnaît le mobilier familier de la pièce, il se remémore ce qui l'a amené jusqu'ici, à cinq mille kilomètres de la maison. Mais d'étranges monstres ailés viennent s'emparer de sa raison et il se rendort, fiévreux, pris dans les méandres de ses cauchemars.

***

Lorsqu'il ouvre les yeux, Henri retrouve avec réconfort son étroite chambre du Cottage. Il ne veut plus se rendormir. Il se dit que s'il a été installé à cet endroit, c'est qu'il n'y a rien de grave. Il entreprend donc de se lever, mais la voix d'Émile retentit :

— Henri ? Ne touche pas à…

— Désolé, mais je dois voir dans quelle mesure j'ai été atteint. Y a-t-il longtemps que je dors ?

— Tu as divagué sur la morphine pendant deux jours, mais tu n'as rien d'assez sérieux pour porter un plâtre. Tu as reçu deux balles de 7,92 mm. L'une t'a traversé la cuisse, l'autre s'est logée dans ta chair après avoir grignoté un bout de l'os de la hanche.

— Qu'en est-il du sous-officier qui m'a sauvé la vie ?

— Mort.

— Et mon ami Timothée ?

— Réservoir percé, il s'est posé comme une fleur, vide de carburant, après avoir abattu deux Boches. Il sera des nôtres pour l'Opération Jubilee.

— L'Opération Jubilee ? demande le jeune patient.

— Dans quelques heures, nous sortons rendre visite aux Allemands. Des troupes débarqueront sur les plages françaises et nous, nous protégerons les navires chargés d'emmener nos soldats.

— Alors, je veux être de la partie, moi aussi !

— Impossible. Le Lysander que tu devais opérer est hors d'usage : une bombe l'a détruit. Nous allons devoir débarquer sans avoir pu mener à bien ta mission.

Ce que dit Émile a l'effet d'une immense claque au visage de Henri. Sa mission a avorté. Le grand jour aura lieu sans lui.

— Mais il y a toujours mon Spitfire ! fait Henri sur un ton insistant, alors qu'il a du mal à se tirer du lit.

— Oublie cela. Tu es dans un piteux état. Repos absolu. Si l'Opération Jubilee porte ses fruits, il faudra que tu nous reviennes en pleine forme pour la suite des opérations.

Après avoir fait ses adieux à son protégé, Émile quitte la chambre rapidement, laissant là un convalescent résolu à ne pas vivre ce jour historique à partir de son lit. Henri se démène pour sortir de ses draps. La douleur est tenace; le moindre étirement lui donne l'impression qu'une lame brûlante est plongée dans sa jambe. Il réussit à s'asseoir, puis se lève, marchant à cloche-pied, une main fermement posée sur le mur. Quelques pas vers la porte, quelques pas vers la fenêtre. Du sang suinte du pansement. Il serre les dents et redouble d'efforts. Au bout d'une heure, épuisé, il constate que les points de suture n'ont pas résisté à ses exercices. Il a mal. Le flot de sang l'inquiète, mais il tente de se convaincre que son devoir est plus important que sa blessure. Il ne voit pas que son visage pâlit, qu'il perd ses forces. Qu'il n'y arrivera pas.

Un bruit de pas feutrés retient son attention. Surpris, il s'assoit sur le matelas en ramenant les couvertures sur sa jambe. Sa tête tourne. Son état le désole. Une toison rousse apparaît dans l'embrasure de la porte. Celle de Timothée, qui arbore son éternel sourire moqueur. Pourtant, ce soir-là, un étrange malaise embrume sa mine légère. Henri, malgré les étourdissements, décèle de l'inquiétude dans le visage de son ami.

— Alors, c'est ici que tu te caches ! Nous nous apprêtons à envahir le continent européen et toi, tout ce que tu trouves à faire, c'est de saigner en cachette, loin des regards, avec les services secrets britanniques.

— Ne plaisante pas. J'aurais aimé être là, mais je crains…

Il retire la couverture et montre du doigt la tache de sang qui colle à son pyjama. Tim retient une grimace et tâche de changer le cours de la conversation, mais ses yeux n'arrivent pas à quitter le spectacle du sang frais imprégné dans les tissus.

— Mon avion a été réparé. Je n'ai pas le temps de regagner mon escadrille. Je vais voler avec la 43e escadrille de la RAF.

— Un faucon parmi les coqs de combat, note Henri en faisant allusion aux écussons des deux groupes d'aviation.

Leur conversation tire rapidement à sa fin. Tim, préoccupé par sa mission et l'état de son ami, n'arrive pas à tourner les événements en ridicule, comme il sait si bien le faire. Henri, lui, sent ses forces l'abandonner. Parfois, il n'entend pas ce que lui dit son meilleur ami. La voix claire de l'Irlandais résonne, lointaine, tandis que sa vue s'embrouille. Alors, Timothée se lève et tend la main à son confrère. Henri, en sentant la paume de son ami se presser autour de la sienne, frémit. Ils s'étreignent puis, sur le pas de la porte, Tim se retourne. Incapable de prononcer un seul mot, il se contente d'esquisser un sourire ému à travers ses yeux rougis, avant de laisser son ami dans un état près de la détresse.

Henri, sur son lit, frissonne. La fièvre l'envahit. Il demeure ainsi un instant, une éternité. Dans sa tête, le dernier sourire de Timothée se transforme et devient la grimace d'un homme terrifié, et cette image revient le hanter lorsqu'il s'endort enfin dans le fouillis de ses couvertures, agité et souffrant. Les cauchemars l'assaillent. Le plafond de la chambre tourne. Il sent son pyjama trempé sur son corps chaud, torturé par cet accès fiévreux. Dès qu'il se réveille, ses pensées sombres se heurtent à la réalité, et il se croit encore victime d'un mauvais rêve.

Et si Timothée était abattu en pleine mission? Cette pensée le happe et le ramène à lui. Une infirmière, au même instant, pénètre dans la chambre. Elle le rassure, lui administre un calmant, défait le pansement maculé, le gronde et nettoie les plaies. Ce sont des trous fermés par des fils perdus, dans un mélange de sang séché et de peau bleuie. Il regarde ce curieux spectacle, comme si la blessure n'était pas la sienne. Sa tête tourne légèrement et ses yeux s'embuent. Il sent la main chaude et rassurante de la garde se poser sur son front. Il marmonne un « *Merci, maman* », que l'infirmière, anglaise, ne comprend pas.

***

Un puissant coup de vent fouette la fenêtre du Cottage et la persienne, en claquant, émet un cognement sourd qui réveille Henri en sursaut. Son cœur bat rapidement. Du coin de l'œil, il voit les lames de pluie flageller la vitre. *La mission sera reportée ; ils ne partiront pas,* pense-t-il, avant de replonger dans un sommeil en dents de scie.

Au petit matin, le silence règne à l'étage du Cottage. Alors que la base de Tangmere s'agite déjà, Henri, raide comme un canon de fusil, s'extirpe de son lit. Résolu, il pose son manteau long sur ses épaules et, attrapant sa casquette, il abandonne sa chambre, claudiquant tant bien que mal jusqu'à la porte de l'édifice du SOE.

Dehors, il règne sur le petit matin la fraîcheur particulière des lendemains de pluie. Partout, des flaques d'eau. Le ciel, gris, tient le soleil en otage. Henri relève le col de son manteau.

Il traverse la route, présente ses papiers à la guérite de l'aéroport militaire et rejoint la tour de contrôle. Son pas est mal assuré et, pour éviter d'attirer l'attention, il adopte la démarche d'un garçon dégingandé, les mains dans les poches. S'aidant de la rampe à laquelle il se cramponne, il grimpe jusqu'en haut de la tour. Il a le teint pâle et les yeux cernés : le voyant entrer dans les bureaux, quelques-uns ricanent :

— Dites donc, sous-lieutenant, vous n'auriez pas un peu trop fêté, hier soir ?

Il sourit. Au loin, les avions à la queue leu leu quittent leur alvéole pour se placer en position. Parmi les Hurricane, il reconnaît bientôt le Spitfire de Timothée. Il sort en coup de vent.

Sa plaie le torture, mais il presse le pas. Dans sa chambre, il retrouve sa combinaison qu'il met, malgré la douleur qui n'augure rien de bon. Il doit faire un effort, pour le temps d'un vol, d'une petite sortie. Le temps de prêter son aide à ses camarades pour cette mission historique. Après, il aura tout le temps de soigner cette vilaine plaie.

Henri regagne l'aéroport et marche jusqu'à *Daisy*, qui sommeille depuis quelques jours dans l'alvéole le plus à l'écart. Il grimpe à la paroi de l'appareil en s'aidant de ses bras, qui tirent tout son poids vers l'aile. Il dégage la verrière et se laisse tomber dans l'habitacle. Maintenant aux commandes, il procède machinalement au démarrage et prend le chemin de la piste principale. L'opérateur, dans la tour de contrôle, l'interpelle :

— Vous n'avez pas l'autorisation de décoller.

— La libération de l'Europe ne m'autorise pas à demeurer les bras croisés non plus. Désolé, mais j'ai un rendez-vous avec l'Histoire.

Il n'y a plus un appareil sur la piste. Oubliant sa souffrance physique, Henri s'élance. Il accélère, sent sa machine délaisser le sol. Très vite, il perce les nuages et se retrouve dans un ciel contrastant avec celui, gris, qui écrase le sol. Ici, le soleil est partout, brillant, aveuglant. Au loin, le pilote reconnaît la nuée des avions alliés qui ont déjà mis le cap sur la Manche.

Son appareil est rapide. Il rattrape le peloton et cherche des yeux l'engin piloté par Tim. Les nuages sont très bas. Lorsqu'ils en sortiront, les pilotes seront plus proches que d'habitude des canons allemands. Pourtant, aucun autre choix ne s'offre à eux : ils doivent remplir leur mission. Sous eux, alors que s'efface la côte anglaise, des navires apparaissent, se frayant un chemin dans une mer démontée. Ils approchent de la côte française. La défense antiaérienne allemande commence à choisir ses cibles, et des chasseurs, la carlingue en flammes, se retrouvent déjà en déroute.

C'est ici que les tirs de mortier, précis, détruisent les embarcations comme des cibles de foire. Le spectacle trouble quiconque ose jeter un œil sur le rivage. Les hommes qui ont à peine le temps de se propulser hors des barges tombent comme des soldats de plomb, happés de plein fouet par les obus.

Dans leur avion, les pilotes n'entendent pas le fracas des mitrailleuses postées aux meurtrières des bunkers de l'enceinte de la Forteresse Europe, ni le cri des soldats aux membres arrachés qui appellent leur mère en délirant. Ils ne reconnaissent pas le visage des hommes qui nagent en plongeant pour fuir sous les tirs, cherchant une barge pour les ramener à l'abri. Ils ne savent pas que les flancs de ces embarcations sont couverts de sang.

Ce sinistre spectacle les concerne également ; ils sont maintenant la cible des balles allemandes qui filent droit sur eux. Leur mission est de protéger les navires chargés de transporter les troupes. Ils tourbillonnent dans le ciel, poursuivant un appareil ennemi avant d'être poursuivis à leur tour.

Ne jamais lâcher sa cible.

Toujours surveiller ses arrières.

Les pilotes allemands les plus astucieux grimpent jusqu'à trois mille mètres dans le ciel puis, choisissant leur proie, piquent vers elle pour la prendre par surprise. Cette stratégie n'est pas inconnue de Henri et lorsqu'il repère l'un d'eux s'apprêtant à foncer sur un Hurricane, il tire une salve qui sauve in extremis son allié.

Soudain, un bruit sec le fait sursauter : une balle perdue vient de ricocher sur sa verrière. Jetant un œil rapide autour de lui, dans ce ciel de fumée et d'avions qui risquent à tout moment de se heurter, il s'aperçoit qu'un adversaire l'a pris en chasse. Il exécute une remontée, fuit dans les nuages et en ressort. À son grand désarroi, il n'a pas trompé son prédateur. Il est dégoûté par la sueur émergeant de son casque, ses muscles sont crispés et sa hanche le tiraille. Mais toutes ces sensations doivent être ignorées : c'est l'instinct de survie et du chasseur qui doit guider sa navigation. Fréquemment, il oblique à une vitesse folle au milieu d'autres avions, bifurque et oscille à travers les projectiles crachés de toutes parts. Une seule fausse manœuvre ou une fraction de seconde d'inattention peut lui être fatale.

Son adversaire pilote avec autant d'adresse.

Convaincu qu'il peut le distancer, Henri amorce une nouvelle ascension. Or, les mitraillettes de l'Allemand tirent de plus belle. Henri esquisse une grande boucle à sa droite et fonce dans le nuage pour en ressortir à la queue du Messerschmitt en lui décochant une rafale dans l'aile droite. L'Allemand voit son moteur prendre feu et perd instantanément de l'altitude.

Faisant monter et descendre son appareil, à la recherche d'une nouvelle cible, Henri évite deux chasseurs bombardiers qui foncent sur lui. Ses ailes sont à la verticale et il se faufile entre ces deux adversaires, parés à vider leur chargement sur des navires anglais.

Il fait un looping, revient derrière ses enne-mis, en touche un, puis vire encore. C'est à ce moment qu'un autre Messerschmitt sorti de nulle part s'accroche à lui, l'obligeant à s'enfoncer profondément dans le ciel de France.

Il constate qu'il s'est écarté énormément de la zone de combat. Il doit faire demi-tour. Au même instant, un projectile résonne sur son appareil. *Ouf, j'ai passé proche,* se dit-il, en cherchant sommairement où est le problème. *Daisy* éprouve des ratés. Les cadrans se dérèglent. Un piston, sans doute, a été touché. Henri sait fort bien que, compte tenu de l'état de son appareil, regagner l'Angleterre est désormais impossible. S'il rebrousse chemin, il perdra de l'altitude et finira sa course en mer.

Et il y a cet adversaire fonçant droit sur lui… Effrayé, il jette un œil par-dessus son épaule.

Contre toute attente, une épaisse fumée enveloppe le nez du Messerschmitt. Le moteur de l'Allemand vient de prendre feu, et son avion plonge en vrille pour s'écraser. Henri se dit qu'un ange gardien, sorti de nulle part, lui a sauvé la vie. Ce sauveteur n'est nul autre qu'un Spitfire qui rejoint l'avion en déroute du pauvre Canadien blessé. Sur la carlingue paraît le faucon de Timothée.

— Parachute! Parachute! crie Tim par communication radio. De la main, il lui indique son moteur. Henri s'étire le cou, regarde devant : un fin filet de fumée traverse les tôles. C'est la panne d'huile. L'avion de Tim a déjà pris de la distance.

Resté seul, Henri voit son hélice tourner en moulinet, avant de s'immobiliser complètement. Impossible de redémarrer l'appareil. Une incroyable impression l'envahit, celle de planer. Tout se passe désormais au ralenti. Retenant le manche à balai pour maintenir son altitude, il s'apprête à s'extirper de l'habitacle. Soudain, un appareil ennemi passe à toute vitesse à côté de lui, à la poursuite de Timothée. Henri incline son avion une dernière fois et tente de décocher une salve dans la queue de l'engin de l'Allemand. Peine perdue. Sa cible est déjà loin. Le désespoir l'envahit. Chaque fois qu'il a volé avec Tim, ils se sont toujours épaulés. Cette fois-ci, son ami devra se tirer d'affaire seul. Pour l'instant, Henri doit sauter en parachute. En plein territoire ennemi. Malgré la peur de l'inconnu, il se résigne à abandonner *Daisy*.

Il dégage la canopée et se relève à l'aide de ses bras. En s'étirant, la douleur lui rappelle sa blessure, mais il ignore le mal, rabat la porte latérale, pose un pied instable sur l'aile de l'avion et fait le grand saut.

Quelques instants plus tard, un parachute se déploie dans le ciel de France. Au loin, des nuages de fumée et l'éclat des mortiers signifient au jeune pilote que le conflit fait toujours rage sur les plages. Suspendu dans sa lente descente, il scrute en alternance l'horizon et le site de sa chute.

L'écho d'un moteur l'oblige à regarder par-dessus son épaule. La vue le terrifie. Ce n'est pas l'avion de Timothée, mais l'Allemand qui fonce dans sa direction. Tandis que la menace approche, il voit, derrière, l'appareil de Tim ; il est pulvérisé. Une aile s'est détachée du reste du fuselage en flammes. L'engin pique en vrille.

Aucun parachute ne s'est ouvert.

Henri panique. Tim, qui lui a sauvé la vie quelques instants plus tôt, vient d'être abattu. Il est incapable de retenir le prénom de son ami qu'il crie de toutes ses forces. Entre ciel et terre, impuissant témoin de ce spectacle insoutenable, il lâche les cordages du parachute et demeure ainsi, les pieds dans le vide, incapable de quitter des yeux la carcasse du Spitfire qui heurte le sol et provoque une explosion horrifiante.

Il ne sait même pas où son propre avion, en déroute, ira s'écraser. Ni où il va lui-même poser pied sur le sol de France. Sa blessure, qu'un faux mouvement, en quittant *Daisy*, a rouverte, s'est remise à saigner. Mais cela le laisse indifférent. Les dernières paroles de son ami engourdissent sa mémoire, ses pensées s'embrouillent. Il ne sent plus rien.

Une rafale tirée par l'Allemand fonçant sur sa proie le rappelle à la raison. La toile de son parachute est atteinte, accélérant sa chute. Heureusement, les cordages s'emmêlent aux branches d'un arbre, et il aboutit dans le lit d'un petit cours d'eau. L'eau froide, jusqu'à la taille, le ramène à l'impérieuse urgence de sauver sa peau.

Prenant pied dans la rivière, il se défait de son harnais, tire vers lui le parachute qui se détache heureusement sans peine des branches et il s'empresse de le cacher dans un trou improvisé dans les buissons.

Une fois son travail terminé, il s'assoit sur la rive. Il lui faudrait faire le point. Pourtant, il est incapable de penser. Sa blessure le fait horriblement souffrir. Trempé par l'eau, le sang, la sueur et les larmes, il a froid. Il grelotte. Le visage de Timothée ne s'efface pas de sa pensée. Son cœur bat vite, tambourinant aussi fort que le son des canons qui grondent au loin.

Ici, il est à l'abri. Du moins, il le sera jusqu'à ce que la faim l'assaille, que la douleur devienne intenable, qu'il entende un bruit, un pas, une voix. En attendant, il ressent la peur et la fatigue qui le terrassent. Il se laisse tomber sur le dos, épuisé.

Quelque part, sur une rive d'une petite rivière de France nommée la Scie, en ce dix-neuf août 1942, un jeune pilote de chasse canadien dort d'un sommeil troublé, trempé et sale. Plus loin, sur les galets de Dieppe, ses compatriotes battent en retraite, laissant derrière eux une plage rouge de sang.

Henri, bientôt, sera seul en terre étrangère.

Seul et traqué.

Épilogue

Timothée

Sorel – Août 2007

Dans les rues de Sorel, le soleil brille à pleins feux. Un garçon élancé marche d'un pas rapide. Arrivé au bout de la rue Provost, il tourne à droite et, mécaniquement, repousse la porte du jardinet, puis monte deux par deux les marches de la galerie.

Toc, toc, toc !

La porte s'ouvre sur une vieille dame qui le regarde attentivement. Un sourire attendri éclaire son visage creusé de rides. Elle accueille ses baisers sur ses joues avec un rire familier, puis l'invite à rentrer.

— Bonjour, grand-maman. Tu as bonne mine.

— Bonne mine, et quatre-vingt-cinq années bien sonnées, mon ange, dit-elle en marchant à petits pas jusqu'à sa cuisine, tout en lui faisant le reproche de ne pas la visiter aussi souvent qu'elle l'espérerait.

— Oh, tu sais, je suis occupé… Le sport… Les filles…

— Je sais, je sais, répond-elle en riant. On n'a qu'une seule fois vingt ans. Au moins, toi, tu es ici. Ça fait des mois que je n'ai pas vu tes sœurs. Comment se portent-elles ?

Le garçon raconte les récentes nouvelles concernant ses trois aînées, tandis que la grand-mère et son petit-fils s'installent autour de la table en formica, où l'octogénaire sert à son visiteur du lait et des biscuits que renferme une boîte métallique.

Elle le regarde encore, tout en s'assoyant. Sans dire un mot. Elle ne le quitte pas des yeux. Sans perdre ce certain sourire, que lui renvoie avec plaisir et timidité son petit-fils. Il s'appelle Timothée Marchessault. Il a dix-neuf ans. Un âge où le silence n'a pas encore de sens. Il dit :

— J'ai entendu à la télévision, hier midi, que ça fait soixante-cinq ans que le raid de Dieppe a eu lieu.

— Déjà, oui, murmure Ruby, le regard vague.

— J'ai demandé à papa de m'en parler. Il m'a dit d'aller à la bibliothèque, dit le garçon, en grimaçant.

— Tu n'as pas l'air satisfait de tes recherches.

— À vrai dire… Les dates, les noms de généraux, c'est compliqué… Ça ne m'apprend pas ce que ça a vraiment été, le raid de Dieppe.

Il hésite, regarde ailleurs, puis revient à sa grand-mère. Une gêne, un malaise le tiraille de haut en bas. Finalement, il se décide et demande :

— Est-ce vrai que mon grand-père a participé au débarquement ?

En entendant son petit-fils prononcer « mon grand-père », la vieille dame se tait. Elle désire le ramener à l'ordre, mais elle change d'idée. L'homme qu'elle a épousé n'était pas le père de son enfant. Il s'appelait Paul Marchessault. Il l'a demandée en mariage quelques jours après son accouchement, en août 1942. Jusqu'à sa mort, il a traité le fils de Ruby, puis ses petits-enfants, comme s'ils avaient été les siens. Pour tous les enfants Marchessault, le mari de grand-mère Ruby a toujours été leur grand-papa. Mais ce jour-là, en posant ses grands yeux verts sur la vieille femme qu'elle est devenue, Timothée déchire le voile noir sous lequel elle avait enfoui ce lointain souvenir. Elle répond, presque malgré elle :

— Oui, mon ange.

Le jeune homme sourit à sa grand-mère :

— Grand-maman, pourquoi est-ce que tu m'appelles toujours *mon ange* ?

La dame se lève. Lentement, elle se dirige vers un bahut qui renferme, pêle-mêle, ses plus précieux souvenirs. Elle en tire une enveloppe jaunie qu'elle rapporte sans desserrer les doigts.

— Après que le décès de ton vrai grand-père nous a été annoncé, Paul m'a mariée et a élevé ton père comme son propre fils. Sans cela, je n'aurais probablement pas pu garder mon enfant.

— Tu as toujours dit que grand-père Paul était ton héros…

— Oui, c'est grâce à lui si j'ai pu garder mon enfant. Mais si tu es ici aujourd'hui, c'est parce qu'un beau jeune homme m'a aimée, qu'il est mort au combat puis que, du haut du ciel, il a veillé sur moi. Il était grand, il avait les yeux verts et de beaux cheveux roux et bouclés, comme les tiens. Et, chaque fois que tu me visites, c'est mon ange gardien que je vois.

Ruby ouvre l'enveloppe et en tire une photographie qu'elle tend à son petit-fils. Timothée ne l'a jamais vue auparavant. Une étrange sensation l'envahit à son contact. Le portrait de ce grand soldat en uniforme est en noir et blanc, mais pourtant, il croit se reconnaître, tant le regard et le sourire du soldat ressemblent aux siens. Il regarde la signature : Timothée Ward.

Il sourit timidement en entendant sa grand-mère prononcer, tout bas :

— Quand tu es né, j'ai insisté pour que tu t'appelles Timothée.

Nicolas Paquin

Nicolas Paquin a publié ses premiers écrits sous la forme de courts récits dans *Les Entretemps* de 1994 et 1995. Il lance en 2010 les romans *De Vice ou de mort* et *Banlieue blanche* aux Éditions PopFiction.

De 2009 à 2012, il s'occupe du blogue *Ma Ville est jeune*. Depuis 2010, il signe une chronique hebdomadaire pour le journal *Le Canada Français*. La même année, il était récipiendaire du premier prix pour la légende *Mathias et Félicité* rédigée dans le cadre du concours *Un Pont, une légende* organisé par Parcs Canada. Auteur de *Atours & Alentours*, paru en 2012 chez Broquet, et récipiendaire d'une bourse du Conseil des Arts et des Lettres du Québec pour le recueil de légendes urbaines *Ce qu'il ne faut pas dire*, il lance en 2013 son premier roman ados/adultes, *Piégés !* aux Éditions du Phoenix.

Nicolas Paquin est diplômé en Études françaises, en Relations industrielles et en Enseignement du français au secondaire.

Site Internet : **www.nicolaspaquin.com**

Table des matières

Achevé d'imprimer
en octobre deux mille quinze, sur les presses
de l'imprimerie Gauvin, Gatineau, Québec